加谷珪一

お金持ちの
教科書

阪急コミュニケーションズ

はじめに

本書は、筆者が運営するお金持ちに関する情報サイト「お金持ちの教科書」から出来上がったものである。同サイトは読者の皆さんに好評をいただき、開設1年で、キーワード検索のランキングでトップクラスのサイトに成長することができた（キーワード：「お金持ち」）。サイトの記事を書籍用に再構成し、加筆したのが本書だ。

筆者は、十数年にわたって経営コンサルティングを行ってきた経験を持つ。その中で、企業のオーナー経営者を中心に、多くの富裕層に接してきた。また、サラリーマン時代には金融機関に勤務した経験があり、ここでも多くの富裕層を目にしてきた。

筆者は、コンサルティングにおいて、いくつもの事例の中から法則性を見出し、モデル化する手法を得意としているのだが、この手法を、お金持ちになるためのノウハウとして応用できないか、と考えたのが本書執筆のそもそものきっかけである。

筆者は独立して会社経営を始めるにあたり、どうせやるなら経済的にも成功したいと考え、これまでに出会ったお金持ちたちのパターン化を試みた。お金持ちになるタイプは千差万別であり、明確に「お金持ちになりやすいタイプ」というものは存在していなかった。また、お金持ちになった方法も様々であり、絶対的な儲けのテクニックが存在しているわけでもなかった。

だが、お金持ちの人たちに特有の思考パターンや行動原理というものが存在することは、ある程度はっきりしてきた。また、資産を形成しやすいキャリアというものがあることも分かってきた。筆者は自分自身にもそれを応用することで、大資産家というわけにはいかなかったが、何とか富裕層の仲間入りを果たすことができた。本書は、こうした法則性を分かりやすく解説したものである。

世の中にはお金持ちになるための情報が溢れているが、お金持ちの実像やお金持ちになるための方法を客観的に記したものは少ない。その理由は、こういった書籍の書き手が偏っていることが大きく影響している。

お金持ち本の代表格といえば、億万長者本人が自分の体験や主義を披露するタイプの書籍である。お金持ちは個性的な人が多く、特に事業で著しい財をなした人は、特異なキャラクターを持っていることが多い。こうした個性的資産家の話は、ストーリーとしては大変面白いのだが、これからお金持ちを目指そうというふつうの人にとっては、ほとんど役に立たない。一種の天才である彼らの行動をそのまま真似しても、うまくいくはずがないからだ。

一方で、億万長者による「オレ流本」と共に、お金に関する書籍で目立っているのが、税理士やFP（ファイナンシャルプランナー）らによる解説本である。彼らはお金の管理の専門家なので、保険や投資信託といった金融商品の基本的な内容を知ったり、お金の管理についてのコツを知ったりする上では、重要な情報を提供してくれる。その範囲にとどまった内容ならよいのだが、なかにはお金持ちになるためのノウハウを披露しているものも見受けられる。ところが、そのほとんどはリアリティがない。

それは当然のことで、彼らはお金を管理する方法を勉強した人たちであって、彼ら自身はお金持ちではないからである。また彼らのほとんどが、自身が富裕層でないのはもちろん、顧客にも富裕層を抱えていない。つまり、富裕層の資産形成の実態を自分の目で見たことがないのである。このため、どうしても内容が無味乾燥なものになってしまう。

本書は、約150人のお金持ちから筆者がヒアリングした内容をもとに執筆している。

お金持ちの人は、コミュニケーション能力が高いことが多く、自分自身をお化粧する方法に長けている。本書の中でも指摘しているが、お金持ちは常に世間からの妬みにさらされており、こうした攻撃から防御する方法を身につけている。彼らは、世の中の人が心地よく感じるような言い回しが本当に上手であり、話の中身には嘘も多い。

嘘の具体例は、たとえば以下のようなものである。

食品関連ビジネスで成功したある実業家は、筆者との面会にあたって、なぜ自身の事業が大成功したのか、ということに関する完璧な回答例をいくつも用意していた。成功した本当の理由は、その商品分野でたまたま最初に参入したのが自分だったという単純なものなのだが、世の中の人はそれに納得しないのだという。

と言うよりも、たまたまラッキーで大儲けしたという話は生理的に聞きたくないのだ。なかには、大した努力もしないでお金持ちになったといって、不快な態度を示す人までいたという。そういった雰囲気を察知した実業家氏は、人から尋ねられたり、インタビューを受けたりする際には、「長年、自分の信念に基づいて愚直に製品開発を続けてきた結果」であるという、美しい嘘を日常的につくようになってしまったのだ。

話が長くなったが、お金持ちから話を聞くときには、こうした嘘が存在することを事前によく理解しておくことが重要となる。筆者はこれまでに多くのお金持ちに接し、彼らの話を聞いてきた。また自分自身にも、お金に関する多少の経験値がある。ある程度はお金持ちの本音を引き出し、その実情やノウハウを客観化することができたのではないかと自負している。

本書は大きく分けて3つのパートで構成されている。

I部では、お金持ちは実際にどのような人たちなのかについて主に解説している。ひとくちにお金持ちといっても、年収が多い人や資産が多い人など、その形態は様々だ。「本物のお金持ち」と呼ばれる人は果たして存在しているのか？　あるいは、貧乏そうにしているお金持ちがいるのはなぜか？　といった話題についても言及した。また、お金持ちを見分ける方法や、年収1000万円ではまったくお金持ちとは言えない実態なども明らかにした。

II部では、お金持ちの人たちの思考回路について分析している。お金持ちが「ありがとう」を連発する理由や、お金持ちにケチが多いといわれる理由、さらには、お金持ちに友達が少ない理由などを解説した。お金持ちの人は、一般人と違う行動原理を持っていることが多く、そのことが彼らの資産形成に大きく貢献している。II部を読めば、そのあたりの状況が理解できるはずである。そうなってくれば、お金持ちへの道により近づけるようになる。

III部は、どうすればお金持ちになれるのか、という具体策を解説している。お金持ちになるためには、やはりどこかで大きなリスクを取らなければならないこと、徹底的に合理主義にならなければいけないことなどがわかるだろう。また、お金が逃げていくNG行動パターンについても触れた。残念ながら、お金持ちになるための絶対的な法則というものは存在していない。だが、お金持ちになりやすい行動パターン、お金が逃げていく行動パターンというものは存在している。これを実生活に応用するだけで、成功する確率はかなり向上するだろう。

最後に、『小金持ち』でもいいから何とかしたい人へ」と題して、とりあえずまとまったお金を作るためのコツについて解説した。いきなりお金持ちを目指すのはちょっと、という人はこの章を参考に、できることからスタートしてもよいだろう。

Ⅰ部から順に読まれることをある程度想定してはいるが、各項目は独立した話になっているので、目次の中から興味のある項目を選び出して、バラバラに読んでも一向に構わない。

お金とは実に不思議な存在である。経済学的に言えば、お金はモノとモノの交換における媒介物にすぎないのだが、現実のお金は、それを超える存在感を持っている。実は、経済学におけるお金も科学的に証明されたものではない。わかりやすいように、物々交換が先にあって、それを便利にするためにお金ができたという話になっているが、これに対しては否定的な見解もある。人間が社会を形成した当初からお金は存在していた、という考え方である。

本書の中でも指摘したことだが、お金持ちになるためには、お金に対して淡泊になる必要がある。これは非常に矛盾した話だが、事実である。お金に対する執着心が強すぎると、かえってお金持ちになれないことが多いのである。また日本は特にそうなのだが、皆がお金に関心があるにもかかわらず、その話は社会的タブーになっていたりする。お金にまつわる話は多くが矛盾に満ちていることを考えると、お金は媒介物以上の魔物として当初から存在していた、という説には妙な説得力がある。

お金持ちの実態やお金持ちになるコツといった現実的な話に加えて、こうしたお金が持つ本質的な謎についても感じていただければ幸いである。

最後に、本書の企画に大きく尽力してくださった越智恭子さん、担当編集者として実に丁寧で質の高い仕事をしてくださった土居悦子さんに、深く感謝の意を捧げたい。

加谷珪一

お金持ちの教科書──目次

Ⅱ お金持ちの行動原理を学ぶ　73

III お金持ちになるために行動する

8　あなたはなぜ、お金持ちになりたいのか？　231

あとがきにかえて――「小金持ち」でもいいから何とかしたい人へ　257

I

お金持ちの実像を知る

1

お金持ちってどんな人？

そもそも「お金持ち」って？

皆さんは「お金持ち」と言うと、どんなイメージを持つだろうか？　会社の社長さん？　ブランド物で身を固めてベンツやフェラーリを乗り回すこと？　それとも豪華なディナーやため息が出るようなパーティだろうか？

一方で、「本当のお金持ちは地味で慎ましい」という話もよく聞く。代々続く資産家の家は、上品だが質素な身なりをしていて、決してお金を持っていることを鼻にかけないらしい。だが、そもそもお金持ちに「本当」も「嘘」もあるのだろうか？　また、こんな会話もよく耳にする。

「××の○○さん。旦那さんは上場企業の役員なんだって。やっぱり上流階級のお金持ちは違うわよね」

お金持ちって、ブランド物で身を固めてフェラーリに乗る人なのか？　それとも上品な上流階級の人々なのか？　それとも、一流企業のお偉いさんのことなのか？

同じお金持ちでも、資産家と高給取りは違う

実は、世の中のほとんどの人が、お金持ちのことをよく理解していない。最大の間違いといってもよいのが、「毎年の収入が多いこと」と「資産をたくさん持っていること」、それに「会社や地域での社会的地位が高いこと」を混同していることだ。

ブランド物で完全武装し、フェラーリやランボルギーニに乗っているチョイワル風のオヤジは、年収が高額であることは間違いなさそうだ。だが、その裏には多額の借金があるかもしれないし、稼いだ額を全部消費に回していて貯蓄や土地などはゼロかもしれない。

一方、代々の土地持ち一家は、たくさんの土地を持っているから、資産の額は莫大である。だが、毎年の年収はそれほど多くないかもしれない。ひょっとすると、ふつうのサラリーマンよりも少ないかもしれないのである。

フェラーリオヤジと土地持ち一家では、どちらがお金持ちだろうか？

答えは、どちらもお金持ちである。ただし重要なことは、フェラーリオヤジは資産家ではないが、土地持ち一家は資産家だということ。少し難しい話をすると、フローとストックの違いなのだ（このあたりは追って説明する）。

つまり、フロー（毎年の収入）が極めて大きい人、もしくはストック（持っている資

産）が極めて大きい人のことを、世の中ではお金持ちと呼んでいる。だから、例にあげた2人はどちらもお金持ちだ。

一方、収入や資産が多いことと、会社での地位は必ずしも一致するわけではない。大企業の部長や役員であっても、日本企業の場合、1年間の収入は大した額ではない。

もちろん、大したことはないといっても、大企業の部長ともなれば年収1500万円を超える人はザラにいるので、年収400万円の庶民から見れば大金持ちかもしれない。だが、多くの人がイメージするお金持ちは、年収1500万円の人のことではないはずだ。

ということで、大企業のお偉いさんは、社会的な地位が高いことは間違いないが、お金持ちなのかどうかは、それだけでは判断できないのだ。

わかりやすい例が、「ユニクロ」を展開するファーストリテイリング会長兼社長の柳井正氏と、日本マクドナルド会長の原田泳幸氏だ。2人とも有名企業のトップであり、日本を代表する名経営者である。2人の最大の違いは、柳井氏はハンパではない資産家であるということ。同じ企業トップでも、柳井氏は圧倒的なレベルの資産家なのだ。

ファーストリテイリングは柳井氏自身がオーナーとなっており、株式の2割強を保有している。資産総額は1兆円を超える。柳井氏の役員報酬は億を超えているだろうが、株の配当だけで数十億円の収入があることを考えると、給料などタダ同然だ。

これに対して日本マクドナルドは、原田氏がオーナーというわけではない。原田氏の年俸も庶民から見たらすごい額だが、柳井氏と比べると、特別お金持ちというわけではない。原田氏は高給で雇われるプロの経営者なのだ。

給料が高額であることと、資産をたくさん持っていることは、直接には関係しないのだ。

社会的地位とお金は必ずしも一致しない

さらに状況を複雑にしているのが、いわゆる社会的なステータスだ。先ほどの原田氏は、日本マクドナルドという上場企業の経営者で億の年収があるが、柳井氏のような資産家ではない。だが、上場企業のトップという社会的な地位は同じである。

では上場企業の社長が皆、原田氏のような高給取りかと言うとそうではない。マクドナルドは外資なので給料のレベルが違うが、日本の一般的な上場企業の社長の年収は、数千万円が標準的だ。たしかに庶民から見たらお金持ちだが、ちょっと前まではふつうの給料だったことを考えれば、彼らの生活は庶民と何も変わらない。

1兆円の資産を持ち、年収は数十億を超える柳井氏。億の年収があるが、巨額の資産を持っているわけではない原田氏。庶民と生活レベルが同じ日本の上場企業の社長。3者の生活レベルは、あまりにもかけ離れている。だが社会的地位という意味では、皆同じなのである。

この本を手にした方は、お金持ちになりたい人か、お金持ちの人か、あるいは、お金持ちが嫌いな人か、いずれにせよ、お金持ちに対して何らかの興味がある人だろう。お金持ちのことを考えるときには、資産と年収、社会的地位の区別をしっかり頭に入れておいたほうがよい。お金持ちと思える人に出会ったら、年収が高い人なのか、資産を持っている人なのか、地位が高いだけでお金は持っていないのか、このあたりに注意を払ってみると、いろいろなことがわかってくるはずだ。

これからお金持ちになりたいと思っている人はなおさらだ。年収をアップさせて派手に消費したいのか、地味でよいから資産を作りたいのかによって、お金持ちになるためのアプローチはまるで違ったものになる。お金持ちになるための第一歩は、この考え方の違いを理解することから始まるのだ。

お金持ちに本物も偽物もない

世の中の多くの人が「成金」を嫌っている。

たしかに、これ見よがしにブランド物を身に着け、高級車を乗り回して散財しているのを見て、気分がいい人はあまりいないだろう。だが、成金を嫌っている人の多くが、ひとたびお金持ちになると、やっぱり「成金」に変身する。成金は、誰も逃れられない人間の性なのかもしれない。

成金嫌いの反動だろうか、「本物のお金持ちは違うんだ！」という話もよく耳にする。それによれば、本物のお金持ちというのは、お金を持っていることをひけらかしたりせず、上品だが質素な服を着ているという。そして人の話をよく聞き、いつでもにこやかに振る舞うのだという。

この話は本当なのか？　それともただの都市伝説なのか？

お金持ちはやっぱり消費している

「お金持ちに本物も偽物もありませんよ」と笑うのは、ある信託銀行に勤める銀行マンである。信託銀行と言うとふつうの人にはピンとこないかもしれないが、土地やお金などの資産を顧客から預かり、運用の手伝いをする銀行のことである。その事業の性質上、土地や株式をたくさん保有する資産家との付き合いが多い。ある意味で、信託銀行マンは資産家をもっともよく知る人種のひとつだ。

彼によれば、お金を持っている人は、程度の差こそあれ、それなりに派手な消費をしているという。〝慎ましい生活を送る本物のお金持ち〟というのは、彼によれば「我々お金のない庶民が作り上げた、金持ちはこうあってほしいという願望」なのだそうだ。

ただし、上品なお金持ちがまったく存在しないかと言うと、そうではないという。このあたりの話が混乱するのは、お金をたくさん持っている資産家と代々続く旧家の話がごちゃまぜになっていることが原因らしい。

東京などの首都圏ではあまりお目にかからないが、地方都市に行くと、江戸時代から代々続く旧家というものがまだ存在している。その多くが、江戸時代に商家として財をなし、そのまま屋敷などを受け継いでいるというパターンだ。江戸時代までは身分制があったので、当時の教養エリートは士族階級と貴族階級になる。商人は今で言うところの成金だったわけだ。だが、士族や貴族の階級は明治維新でそのほとんどが没落し、庶民に転落してしまった。お金持ちとして残っているのは、事業を継続できた商人だけということになる。

商人は、事業を立ち上げた当時は成金だったわけだが、お金持ちになってから何世代も経ていくと、だんだんと成金趣味がなくなり、教養を身につけるようになってくる。また一部の士族や貴族のなかには、何とか屋敷を維持して現在まで存続している家もある。

この人たちは、総じて身なりや振る舞いは上品だ。「上品なお金持ち」のイメージは、おそらくこの人たちが形作っているものと思われる。

日本では三代以上にわたって資産を相続するのは困難

だが、彼らが受け継いできた資産を今でも維持できているかどうかは非常に疑問だ。日本の相続税の制度では、三世代を過ぎると資産はほとんどなくなってしまうと言われる。財団という形にしたり会社を分割したり、何らかの工夫をしないと、資産を残すことは難しいのだ。

ということで、代々続く由緒ある旧家は、家として存続はしているものの、現実にはその多くが資産家とはほど遠い状態になっている。世の中の人は、戦後に事業や投資で資産を築き、土地を買い漁って資産家になった人たちと、資産を何とか維持している一部の旧家の人たちのイメージを混同しているのだ。

イギリスに行くと、このあたりはさらにはっきりしたものになるという。階級制度が色濃く残るイギリスでは、労働者階級と資産家階級では、英語の発音まで異なると言われている。それほど高い階級の出身ではなかったマーガレット・サッチャー元首相は、自分で家庭教師を付けて発音を矯正したのは有名な話だ。

階級制度が社会に残っているといっても、資産家階級だから何か特別扱いされるわけではない。資産の運用や事業の継続に失敗すれば、資産家階級の人でもすぐに庶民に転落する。だが資産家階級の人にはそれなりのプライドがあり、没落しても上品なライフスタイルは堅持しようと努力する。きれいな発音を心がけ、狭い家でもティータイムにはゆっくりと庭を眺めて語らうのだ。要するにヤセ我慢である。

これはこれですばらしいライフスタイルではあるが、現実には彼らはお金を持っておらず、多額の消費を続けることはできない。一方、イギリスでも資産を維持できている家の人々はやっぱり派手に散財している。結局のところ、使えるお金がたくさんあれば、人はどんな境遇であれ、ある程度のお金は使うものらしい。国を問わず、お金持ちは多かれ少なかれ成金なのだ。

もともとお金持ちだったが、没落してしまった人たちは、質素な生活しかできないところを逆手に取り、「本当のお金持ちとは上品で質素なものである」というアピールをしている。一方、現実にお金のある人は、自分が欲しいものをバンバン買い、消費生活を謳歌している。この派手な消費を見た庶民は、当然のことながら気分がよくない。その結果、「本当のお金持ちは上品で質素なものである」という元お金持ちたちの主張に惹かれていくのである。

「本当のお金持ちは違うんだ」という話は、このようにして形成されてきた可能性が高い。やはり〝本当のお金持ちは上品で質素〟というのは、一種の都市伝説のようなものなのかもしれない。

お金のない庶民は、この結論を知ってがっかりするべきなのか？　それとも喜ぶべきなのか？　お金持ちはほとんどが成金だという点ではがっかりかもしれないが、これは皆にチャンスがあるという意味でもある。

代々続く由緒ある家柄でなければ、本当のお金持ちになれないのであれば、ほとんどの人にはチャンスがない。だがお金持ちは皆、成金なのだと思えば、気持ちも楽になるではないか。

あの人はお金持ちなのに、なぜ貧乏そうなのか？

本物のお金持ち論というのは幻想だとわかったが、現実には、かなりの資産家のはずなのに、お世辞にも高級とは言えない服（いや、実際にはかなり貧乏くさい服）を着て、スーパーの安売りに並んでいるというタイプのお金持ちも存在している。孤独死した地味な老人の家から1億円が出てきたという話も珍しくない。

この人たちはどのような人種なのだろうか？　以前にも登場した信託銀行マンによれば、そのようなタイプのお金持ちはズバリ、以下の2つの人種に集約されるという。

①資産のほとんどが土地で、有効活用できていない

②お金を貯めることが自己目的化している

日本のお金持ちの資産は土地に偏っている

日本は欧米と異なり、お金持ちたちの資産は土地に大きく偏っているという特徴がある。土地は都心の一等地なら高値で売れるだろうが、そうでないところの土地は、そうそう簡単に売却できるものではない。また日本は、東京などの都市部にほとんどすべての機能が集中しているので、土地をたくさん持っていても、それを活用してお金を稼ぐことは実は結構難しい。せいぜいアパート経営が関の山だ。

しかも、日本の相続税はかなり重い（最大55％）ので、孫の代になると相続税を払うために土地をすべて手放す羽目になる。資産のほとんどが土地というお金持ちは、資産を持っていてもそれで十分に稼ぐことができないのである。

これが欧米のように資産の多くが金融資産になっていれば、株に投資したり、会社に出資したりと、いろいろな運用方法があり、資産からお金を生み出すことができる。だが、有効活用しにくい土地しかない資産家にとっては、そこから得られる収入は小さく、固定資産税を支払ってしまうとほとんど残らない、という状況が十分にあり得るのだ。

そうなってしまうと、望むと望まざるとにかかわらず、質素な生活をしないと赤字になってしまうので、スーパーの安売りに並ぶはめになるのだ。

お金を貯めることが自己目的化しているお金持ちも、その原因の多くは不動産絡みだ。埼玉県に住むR子さんは、現在75歳。旦那さんはすでに亡くなっていて、現在は一人暮らしをしている。

R子さんが住んでいる家は、旦那さんが親から相続した土地に30年前に建てたものである。旦那さんは、現在住む家の土地以外にも、親から小さな土地を相続していた。家を建てるための資金は、相続した小さな土地を売って得たものだ。R子さん夫婦はこのようにして、ローンを組むことなく土地と家を手に入れることができた。

夫婦は両方とも公務員（教師）だったので、安定的にそこそこの給料をもらうことができた。さらに退職金も2人分あり、年金も厚生年金や国民年金と比べると手厚い。しかも、R子さんたちには2人の子供がいるが、いずれも小学校から公立で、大学は国立大学に通ったので、学費も比較的かからなかった。つまり、2人分の稼ぎのほとんどが可処分所得だったのである。

だが、R子さん夫婦は老後が心配と、外食や海外旅行もせず、一生懸命貯金に励んでいた。このため、旦那さんが亡くなった今、家を含めるとR子さんの資産は優に1億を超えることとなった。R子さんは、多くの人がイメージする資産家とはほど遠い生活をしている。だが、まぎれもなく億単位の資産を持つ富裕層なのだ。

日本のお金持ちは変わる？

実は日本にはこのようなタイプの資産家がかなり多い。R子さん夫婦は親から小さな土地しか相続していないが、もう少し広い土地を相続した人は多くがアパート経営を行っている。家賃数万円のアパートを銀行からの借金で建てるのだから、それほど儲かる商売ではない。だが資産額は億を超えており、書類上はまぎれもない資産家なのである。

このような一見矛盾した状況は、高度成長で給料が上がり続けたこと、日本は競争社会ではないため終身雇用が実現できていたこと、土地の流動性が低いにもかかわらず、土地の評価額が高いという少し歪んだ金融システムなど、いくつかの特殊要因が重なってできたものである。

そう考えると、R子さんは本来は資産家タイプの人ではなく、慎ましい生活をする庶民だったということになる。お金があるのに、それに見合った生活をしていない人が少なからず存在するのはこういった理由からだ。

おそらく終身雇用に代表されるような日本型の雇用システムは、今後崩壊していくと考えられる（実際すでに崩壊が始まっている）。そうなると、R子さんのようなタイプの資産家は徐々に日本からいなくなるだろう。20年後のお金持ちは、典型的なコテコテのお金持ちタイプの人ばかりになるのかもしれない。

お金持ちはどこに住んでいるのか？

お金持ちが多く住むと言われている街がある。東京では港区の麻布、高輪などがそうだ。郊外にいくと、世田谷あたりにも高級住宅地と呼ばれるところが多い。お金持ちは実際に、どのようなところに住んでいるのだろうか？　また、このような高級住宅地には、なぜお金持ちが集まるのだろうか？

高級住宅地に共通するキーワードは「高台」

たしかに、東京都港区の麻布や高輪近辺は街の雰囲気がずいぶんと違う。特に麻布は別格で、大きな邸宅や低層の超高級マンションが立ち並ぶ（ちなみに、麻布がつく住所は東京には思いのほかたくさん存在するのだが、元麻布と南麻布という住所が、いわゆる世間で言うところの麻布のイメージである）。周辺に大使館が多く、外国人がたくさんいることも、高級な雰囲気を醸し出す大きな要素になっているようだ。

このほか、港区では白金台、高輪、渋谷区では松濤、代官山町、千代田区では番町などが高級住宅地と言われる。世田谷区では成城、奥沢、深沢などがある。

これらの高級住宅地には共通する条件がある。それは高台にあること。東京はビルや高架が多すぎてわかりにくいのだが、実は坂が極めて多く、高台と窪地が連続する地形である。そのなかで高級住宅地と呼ばれるエリアは、ほとんどが高台に位置している。

東京は地質学的には、その大部分が武蔵野台地と呼ばれる岩盤の上にあり、川や海で侵食された部分は窪地となり砂が体積している。一方、侵食されずに岩盤のまま残ったところは高台になっている。窪地は、砂が多く地盤が弱いため地震に対して脆弱である。また大雨のときには浸水しやすい。これに対して高台は地盤が強固で、浸水の心配がなく、風通しもよい。

六本木ヒルズ、元麻布ヒルズなど、高級住宅の名前に「ヒルズ」と付けるのにはわけがあるのだ。高台であることは、リッチなことの証明となっている。これに対して、いわゆる繁華街（かつての花街）は例外なく低地に位置している。

だが、リッチな人が高いところに住むという習慣は、実は明治以降のものである。

そもそも江戸時代には、東京は皇居（江戸城）よりも東側しか発展しておらず、高台が多い西側は「田舎」とされていた。有力な武家の多くは江戸城の近くに居を構えており、高台には住んでいなかった。今の麻布近辺にも武家屋敷があったが、それらは郊外の別邸として設けられた下屋敷だった。わざわざ坂を上らなければならない高台は、不便な場所であり、地位の高い人が日常的に住む場所とは考えていなかったようである。

この概念をひっくり返したのが、明治維新による西洋文化の流入である。西洋では、日当たりがよく、風景もよい高台に住むことはリッチであることの証と考える人が多い。移動には自動車を使わなければならないので、必然的にお金持ちしか住めないという考え方である。明治以降にこの考え方が普及し、東京は山が多い西側が急速に発展し、高級住宅地が造成された。

高台に住んだお金持ちよりも、さらに強烈に高台を目指した人たちがいる。明治政府とその関係者を中心とする当時の権力者である。国会議事堂や首相官邸は山のてっぺんに位置しているし、東京大学は本郷の高台、陸軍（現在の防衛省）は市ヶ谷の山を陣取っている。都内で条件のよい高台はほぼすべて官庁関係の施設や大学などで占められているのだ。高台のなかで公共施設が作られずに余った場所が高級住宅地であるといってもよい。薩摩や長州の田舎から出てきた明治政府の権力者たちは、西洋風のハイカラな高台に激しく憧れたのかもしれない。

タワマンに住む人はお金持ちではない？

最近はタワーマンション・ブームで多くのタワーマンションが建設されている。だが先にも触れたように、東京の「一等地」の高台には多くの先住者がいる状態だ。したがって、新しい高級マンションの多くが、これまではあまり高級とは言われていなかった低地や海沿いに建てられている。

一部ではタワーマンションはお金持ちの象徴とされているようだが、現実はだいぶ違うようだ。タワマン居住者は、新たな破産者予備軍とも言われているのである。

もちろんタワーマンションといってもいろいろある。たとえば東京圏ではタワーマンションは大きく3種類に分類される。ひとつは都心の真っ只中に建てられた高級物件である。六本木や赤坂など誰でも知っている超一等地にある。もうひとつは都心の周辺部、特に湾岸地域に集中して建てられた物件、最後は首都圏近郊に建てられた物件である。

都心部の超高級物件を購入する層は明らかに富裕層である。地方の富裕層がセカンドハウスとして購入するケースも多い。一方湾岸エリアのタワーマンションを購入する層の中心は、富裕層ではなく大手企業のサラリーマン層が多いと言われている。最近は都心回帰と言われ、郊外よりも利便性の高い都心近辺にマンションを購入する人が増えている。

湾岸部のタワーマンションを購入しているのは、一昔前であれば世田谷区など郊外エリアに好んでマンションを購入していた層なのだ。彼らの年収は1000万円前後。富裕層には程遠いが、中小企業のサラリーマンなどから見たら高給取りだ。しかも妻の多くが専業主婦であり、いわゆる「昭和妻」タイプが多い。昭和妻とは雑誌『AERA』が名づけたもので、一流企業に勤める旦那さんを持ち、専業主婦、そして「マイホーム」「消費」「子供の教育」に血道を上げる昭和的価値観を持った女性ということらしい。

たしかに湾岸部のタワーマンションに住む人には、上記の条件に合致する人が少なくないのだ。彼らは富裕層への憧れが強く、食材も高級スーパーで購入したり、外車に乗ったりしている。だが実際の年収は1000万円程度しかなく、可処分所得で比較すると、典型的な中間層である年収600万円台の人と大して変わりない。しかも、年収600万円でも夫婦で共働きだと、収入は逆転されてしまう。

年収1000万円の専業主婦家庭が5000万円のマンションをローンで購入するのは、かなりキツい。少し贅沢な消費をしたり、子供の教育費がかさんでしまうと、たちまちお金がなくなってしまう。この状態で旦那さんがリストラされてしまうと、一気にローンが返せなくなり破産してしまう、というわけである。最近、突然経営危機になる大手企業が続出していることで、この懸念が現実のものとなりつつあるというわけだ。

一方、都心の超高級物件には富裕層が住んでいる。だがこの人たちは回転が速いという特徴がある。お金持ちは上り詰めるのも早いが凋落も早い。高級賃貸物件では2年から3年で住人がすべて入れ替わるとさえ言われている。その意味で、タワーマンションは幻想の住まいなのだ。

グローバルなお金持ちが見せる、もうひとつの顔

日本には150万人とも180万人とも言われる数のお金持ち（金融資産1億円以上）がいるという。これはアメリカに次いで多い数だ。そんなに日本にはお金持ちが多いのだろうか？　どうもピンとこない。

これにはちょっとしたカラクリがある。先にも述べたが、日本のお金持ちの多くは、本来は庶民だったのに高度成長で土地が値上がりしたことで資産家になった人たちである。また終身雇用で給料が長年安定してもらえていたことも大きい。

たとえば、東京の郊外に親からもらった50坪の土地と家があり、夫婦2人が共働きで、無駄遣いをしなければ、1億円くらいの資産はあっと言う間にできてしまう。だが、この夫婦はまわりから見れば、ただの平凡なサラリーマン家庭だ。ところが、円高のせいもあり、世界的には富裕層にカウントされてしまう。ところが外国に行くと状況が大きく変わる。

超リッチな一族が考えること

1億円以上保有しているお金持ちの数は、日本は世界で2番目だが、1億ドル以上を持つ「超」お金持ちの数となると、日本はまったくランキングに入らなくなる。

同じお金持ちでも、このクラスのお金持ちになるとすべての感覚が違ってくる。世界の大金持ちの多くは、自分の国だけでなく外国にも複数の拠点を持っている。自分が持つ資産があまりにも大きいため、資産を自分の国だけに置いておくのは危険すぎるからである。アジアなど、先進国に比べると政情が不安定な地域のお金持ちならなおさらだ。

香港華僑の息子であるC君は現在、日本の大学に留学している。日本文化に興味があるわけでも、日本語を学んで将来日本とビジネスをすることを望んでいるわけでもない。留学の最大の目的は、一族の資産を分散するための拠点作りだ。ちなみにC君のお父さんは、香港で不動産業を営む大資産家だ。

香港はイギリスの植民地を経て、現在は中国に返還されている。香港は本土と比べてある程度の自由は保障されているが、香港人はいつ何があってもおかしくないと考えている。C君のお兄さんはカナダに、お姉さんはヨーロッパにそれぞれ留学している。

雑誌などでは、世界のお金持ちは、税金が優遇される国や地域（タックスへイブン）に自由にお金を動かして、悠々自適に資産を運用しているなどと書かれている。ならばC君一家もそのようなところに資産を移せばよいはずだ。ではC君一家は、家族がバラバラになってまで、なぜ資産を保全する拠点作りをしようとするのだろうか？

多くの日本人は、多少のお金さえあれば外国で暮らすことは簡単だと思っているが、実際はそうではない。ほとんどの国は、よほどのことがない限り、簡単に外国人を受け入れることはない。特に永住する権利を得ることはものすごく大変なことなのだ。

よく芸能人が「今はハワイ在住でーす」というような話をしているが、いくつかは嘘である。たとえばアメリカなら、現地の会社に正式に雇用されるか、現地の学校に入学して正式なビザを取らないと、3か月以上滞在することはできない。ハワイ在住と公言している人のなかには、ふつうの観光客（ビザなし）として入国し、3か月に1回、日本に戻ってきている人や、現地の語学学校に幽霊学生として在籍してごまかしている人も多い。

ただし、3か月滞在後のトンボ返りを何度も繰り返していると、不法就労の疑いがかけられ、強制送還される可能性もある。どの国も入国管理局は甘くないのだ。たくさんのお金を持っていく場合でも、現地の事業に投資し、一定数以上の雇用を確保することなど、厳しい条件が課されることも多い。

住む場所を変えなければならないとき

一方で、シンガポールやマレーシアなどのように、一定以上のお金を持ってくる人には比較的簡単に永住権を与える国もある。ただし、このような国は外貨を獲得する政策としてあえてこれを行っているので、国の方針次第で状況が急変してしまうリスクもあるのだ。

少し話が長くなったが、香港華僑のC君一家は、このことを痛いほどよくわかっている。したがって、現地の生活になじんで、その国の人脈を確保した家族が何としても必要なのだ。C君は日本の大学を出て、日本の会社に就職し、日本での生活が継続すれば、いずれ日本に永住することも可能になる。お姉さんやお兄さんも同様だ。

一族の拠点である香港に何か非常事態が起こって、本気で住む場所を変えなければならないときには、単なるお金持ちというだけで優遇してくれる国はあてにならない。きょうだいが日米欧にそれぞれ生活拠点を持っていれば、どこかに避難できるというわけだ。

あまり表では語られない、グローバルなお金持ちのもうひとつの側面である。

お金持ちは常に恐怖に怯えている

貧乏人の僻みではなく、お金持ちが不幸だというのはある意味で本当だ。たくさんのお金を持ってしまうと、それを失ってしまうのではないかという恐怖から逃れられないという。家族を世界に分散させているC君一家などはまさにその典型と言える。

お金持ちになるほど不安に

日本でも資産の規模が大きくなると、状況は似たようなものになってくる。サラリーマンを経てゼロから会社を立ち上げ資産家となったSさんは、今では十億単位の財産を持っているが、まったく安心感を得られないどころか、ますます不安になっている。Sさんが会社を立ち上げたのは、ある程度の財産を築いて安心した人生を送りたかったからだ。

「サラリーマンは安定していると言われますが、自分が病気になったりして働けなくなったら一巻の終わりです。自分自身だけに依存しないような仕組みが欲しかったんです」

たしかに、Sさんはいくつかの事業を軌道に乗せたことによって、たとえ病気になっても今の生活水準を維持できる仕組みを手に入れた。だが、今度は別の不安がSさんを苦しめている。今の事業がダメになったら、自分には何もなくなってしまうのではないかという恐怖である。

ある心理カウンセラーによれば、Sさんのようなケースはごく当たり前のものだという。人間の欲求には限りがなく、ひとつの課題を克服したと思っても、すぐに次の課題で頭を悩ませてしまう。これはお金持ちに特有というよりも、「多くの人に見られる傾向」(カウンセラー氏)なのだそうだ。お金持ちの場合、失いたくないものがあまりにも大きいため、お金をなくすのではないかという不安な気持ちは想像を超えるものになるらしい。

作家が自殺する理由

お金とは少し違うが、文芸評論家で慶應義塾大学教授の福田和也氏が面白いことをいっている。作家はよく自殺をするが、本当に文学的な理由で自殺する人は稀なのだという。ほとんどは、自分の作品が売れなくなり、最後は働かなければならないのではないか、ということに対する恐怖で自殺に追い込まれるのだ。

特に社会人経験がなく、いきなり作家になった人にとっては、世の中でふつうに働いた経験がないため、仕事をすることに対して異常な恐怖を感じるという。日本を代表する天才作家、芥川龍之介も例外ではない。司馬遼太郎氏によれば、芥川の自殺の原因とされている「ぼんやりとした不安」だが、これは文学的なものというより「当時、急激に社会に広まりつつあった共産主義のことを指している」という。

今ではピンとこないかもしれないが、共産主義は政治的イデオロギーという側面だけでなく、外国から入ってきたハイカラな文化という面も持ち合わせていた。強引に結び付ければ、今のスマートフォンやSNSのようなものだ。当時の古い文化人にしてみれば、外国から得体の知れないカルチャーが入ってきて、社会に急速に普及しているが、それが何なのか皆目見当がつかない。またどうすればそれについていけるのかもわからない。

芥川は天才であったが故に、新しい時代が始まることを敏感に察知し、その時代においては、自分が取り残されるかもしれないと悟ったのだという。

お金持ちの恐怖もこれに似ている。資産家の家に生まれたお金持ちはもともとお金を持っているので、そもそも働く必要がない。社会勉強として働いたとしても、それはお小遣いにすぎないことを本人が一番よく知っている。会社勤めを経ずに事業を始めた人は、仕事をした経験はあるものの、人の下で働いた経験を持っていない。

会社勤めを経て実業家になった人も、多くはサラリーマンが嫌で実業家になったので、そこに安易に戻ることは自身のプライドが許さない。しかも実業家はある種の天才なので、時代の移り変わりに敏感だ。常に自分が時代に取り残されるのではないかと怯えている。

ふつうに仕事をしてきた人にとって何でもないことも、ある種の人には死よりも怖い恐怖なのだ。欲しいもののほとんどは手に入れているお金持ちにとって、この恐怖感が唯一のバイタリティになっているケースは案外多い。派手にお金を使うのも、自分にはこれだけ散財できる能力があるのだということを確認する作業なのかもしれない。お金持ちと付き合う場合には、このあたりの心理をよく理解しておくとよいかもしれない。

伝説的経営者の本音とは？

松下電器産業（現パナソニック）の創業者で、今では伝説的な存在にもなっている松下幸之助氏は、もともとは電気工の出身だ。積極的に事業を進めることができた理由として「もしうまくいかなかったら、またペンチを握って電気工に戻ればよい。自分と家族がとりあえず飯を食うだけなら何とかなる」と述べている。

若くして出版社を立ち上げ、一代で大きくしたある事業家は「いつ事業がダメになっても気にしない」という。「今はお金があるので何でも買えるけど、お金がないならないで、僕は図書館に行って一日中本を読むよ。これで十分楽しめるから」と笑う。

松下氏や出版社オーナー氏の話に嘘はないだろう。人間その気になれば、飯を食うぐらいは何とかなるだろう、という割り切りは大事だ。そこまで腹を据えることで事業を成功させてきたというのも本当だと思われる。

だが、資産家向けの税務コンサルタントなどを手がけるF氏によれば、お金持ちのこのような話は「ある程度は割り引いて考える必要がある」という。多くのお金持ちにとって、たとえ腹が据わっていたとしても、今の資産や立場をなくすことは「死ぬよりつらいこと」（F氏）なのだ。

松下幸之助氏も本音では、絶対にサラリーマンには戻りたくないと考えていたかもしれない。お金持ちは疑り深いとも言われるが、それもこのあたりに原因がありそうである。

2

お金持ちはどのくらいお金を持っているか？

5000万円から変わるお金の価値

お金持ちかどうかを測るバロメータはいろいろある。お金持ちと言うと高収入のイメージがあるが、年収だけでお金持ちかどうかを決めることはできない。年収はそれほど多くなくても、巨額の資産を持っている人もいる。もっとも、巨額の資産があればそれを運用することができるので、結果的に年収も高くなることが多い。最終的には保有している資産の額がお金持ちかどうかを決める最大の要素となる。

お金持ちの基準は最低1億円から

では、どの程度の資産を持っていれば、「お金持ち」と呼ばれるのだろうか？　さらに、「大金持ち」と呼ばれるようになるにはどのくらいの資産が必要だろうか？

金融機関や富裕層向けビジネス関係者の間では、富裕層とそうでない人のひとつの分かれ目は、純金融資産を1億円以上保有しているかどうかだと言われる。これは資産から負債を差し引いたものなので、1億円のマンションを持っていても、銀行からのローンで購入している場合にはカウントされない。ローンで買った不動産以外に1億円持っているかというところが重要だ。

なぜ1億円なのかは諸説があるが、働かずに何とか生活できるギリギリの水準が1億円だからという部分が大きいと思われる。1億円の金融資産を運用すれば、どのような時代でも3・5％程度の利回りは何とか確保できる。1億円の3・5％は350万円である。たしかに自力で生活できるギリギリのラインと言えるだろう。逆に言うと、1億円の金融資産があれば、働かなくても何とかやっていける、ということを意味している。

この観点でいくと、働くことなく余裕のある生活ができる水準の資産を持っている人が本当の大金持ちということになる。余裕のある生活ができる年収の目安は1000万円くらいだろう。同じ3・5％の利回りで考えれば、約3億円の資産になる。実際、3億円以上保有しているお金持ちは、それ以下の人に比べて生活水準が大きく変化すると言われている。

資産が3億円以下の人は、富裕層であっても基本的な生活スタイルは中間層の人たちに近いことが多い（もちろん資産がなくても、年収が高くそれを全部消費につぎ込むことで、相当にハイレベルの生活をしている人もいる）。だが3億円以上の資産を保有している人の生活は、いわゆるお金持ちのそれである。

たしかに3億円の資産があると、何もしなくても年間1000万円ずつ資産が増えていく。3億円の資産保有者になったからといって仕事をわざわざ辞める人は少ないので、多くは仕事での年収も確保している。つまり、資産の運用で得られるお金は、極端な話、全部お小遣いに回しても問題ないのだ。1000万円がお小遣いに回せるとなると、どれだけリッチな生活ができるか想像していただけるであろう。

一方、年収ベースでお金持ちを考えた場合、境目となるのは3000万円である。年収が3000万円を超えると、お金の心配をほとんどしなくなると言われ、生活水準も大きく変化する。だが、2000万円クラスの人の多くは1000万円の人と大して違わない。

まとめると、お金持ちとそうでない人を分けるおおよその分岐点は、資産ベースでは3億円、年収ベースでは3000万円ということになる。

5000万円というひとつの壁

お金持ちの入り口は1億円と書いたが、現実にはもう少し下の金額から人の思考回路は変化し始める。だいたいそれは5000万円くらいである。5000万円を境に、お金に対する価値観は大きく変わってくることが多い。

親から相続した土地が再開発され、4000万円ほどのまとまったお金を手にしたEさんは、その運用方法をめぐって何人かの専門家に相談した。Eさんは50代後半で定年も近い。ローンを組んで中古マンションを購入しており、そのローンも間もなく終わる。かなり恵まれているほうではあるが、やはり老後が心配だ。Eさんとしては自分の貯金1000万円と合わせて5000万円を何とか運用したいと思っている。だが税理士やファイナンシャルプランナーなどに相談しても、Eさんは納得できなかったという。

Eさんは5000万円を絶対に減らしたくないと考えている。しかしながら、5000万円では、5%で運用できたとしても年収250万円であり、それだけで生活することはできない。実際には5%での運用は難しく、3%程度と見たほうがよいから、実質的には150万円の投資収入だ。

税理士やファイナンシャルプランナーは、5000万円を運用しながらも、それを取り崩していくことを勧めてきたという。だがEさんは頑なにそれを拒否し、何とか5000万円で運用できないかと聞き返し、埒が明かない状態となっていた。失礼な話ではあるが、税理士やファイナンシャルプランナーはお金の専門家とはいっても、内実はただの庶民である。自分自身で大金を持った経験はない。お金持ちの気持ちがわからないのである。

Eさんは、お金持ちとしてはかなり貧乏な部類に入るのかもしれないが、思考回路はまぎれもなくお金持ちになったのだ。5000万円は運用するにはたしかに少ないが、運用でそれなりに稼げるギリギリの金額である。それだけの資産を手にしたEさんは、どんなことがあっても絶対に減らしたくないのである。

これが1000万円や2000万円という金額であれば、運用してもたかが知れており、貯金を取り崩して生活する以外に方法はない。だが4000万円から5000万円を超えるあたりになると、運用で生活できる希望が少しだけ見えてくる。お金持ちがお金をなくす恐怖は他人には想像できないほどだと言われるが、Eさんもその末端ではあるが仲間入りを果たしたのである。人づてにEさんを紹介された私は、はっきりとEさんに伝えた。

「残念ながら、今の金額では運用だけで生活するのは無理です。下手すると資産をなくしてしまいます。厳しいようですが、その5000万円を絶対に失いたくないという気持ちはよくわかります。ですが、本気で資産を守りたいと思うなら、定年退職後、年金が支給されるまでは、どんなに安月給でつらい仕事でも再就職して、そのお金には手をつけるべきではありません」

Eさんは一瞬つらそうな顔をしたが、その後は吹っ切れて「実は私も内心そう思っていました。実にすっきりしました。どんなに厳しい条件でも働きます」といって笑顔で帰っていった。

実際にEさんが5000万円を取り崩して生活したところで、生活が破綻することなどあり得ないだろう。病気になってもほとんどが健康保険でカバーできるし、ローンも終了している。だがEさんは5000万円の資産を守るため、どんなきつい仕事でも取り組むと言っている。これも、お金持ちのもうひとつの側面なのである。

年収1000万円はお金持ちではない

お金持ちの入り口は資産1億円で、5000万円くらいから思考回路が変わってくると書いたが、多くの人にとって、どちらも現実の生活とはほど遠い金額かもしれない。ふつうの生活をしている人にとって、身近にイメージしやすいリッチな生活の基準と言うと、やはり年収1000万円ではないだろうか？

だが年収1000万円は、実のところ決してお金持ちとは言えない。筆者は多くのお金持ちを見てきたが、年収1500万円までは、年収500万円の人と基本的な生活スタイルは変わらないことが多い。もちろん年収が多い分、いい車に乗っていたり、旅行に行く頻度が高かったり、ちょっといいマンションに住んでいたりするが、根本的な部分ではやはり中流階級の生活をしている。また、収入が絶たれてしまうと生活が成り立たなくなるという意味では、まったく同じ構図なのである。

これが3000万円を超えると、生活のレベルが本当に変わってくる。たとえばグルメが趣味という人は多いが、中流の人はどこそこのレストランに行ったというのが話題の中心である。これは年収500万円の人も1500万円の人も変わらない。だが3000万円超えの人となると、ただレストランに通うのではなく、趣味と実益を兼ねてレストランのオーナーになっていたりする。生活の質が根本的に変わるというのは、こういうことを指すのだ。また、3000万円も年収があると貯金も相当な金額になっており、収入が絶たれてもすぐに生活が破綻することはない。

年収1000万円の人が一番キツい

つまり年収1000万円は中流の生活をする上で、少し余裕が出てくるという意味の象徴的な金額でしかないと言える。だが現実はもっと厳しいようである。年収1000万円の人の家計は、収入が低い人よりもずっと苦しいというのである。

ある経済誌が組んだ富裕層の特集の中で、年収1000万円のプチ（ニセ？）富裕層の悲惨な日常生活がリポートされていた。それによると年収1000万円の人は、400万〜600万円の人に比べて富裕層への憧れが強く、過剰な消費に走っているというのだ。年収1000万円世帯のエンゲル係数が、400万円世帯のエンゲル係数よりも高いというとんでもないデータも明らかにされている（エンゲル係数は家計の消費支出総額に占める食費の割合を示したもの。数値が高いほど貧しいと言われている）。

特に40代で大企業に勤め、妻は専業主婦というパターンが一番危ないそうだ。このタイプの家庭の必須アイテムは、海外製ベビーカー、高級鍋、ウォーターサーバー、こだわり家電などである。どれも目が飛び出るほど高額ではないが、積み重なると相当な出費となる。結果として年収が1000万円もありながら貯金ゼロという状況に陥ってしまう。

1000万円も収入がありながら、どうしてそのような状態になってしまうのか？　それは戦後日本の独特な経済環境と雇用環境が大きく影響している。日本は終身雇用の国と思われているが、実はそれは正しくない。戦前の日本には諸外国と同じく終身雇用という概念はなく、会社が傾けばすぐにクビになるのが当たり前であった。

その状況を大きく変えたのは太平洋戦争である。無茶な総力戦を実施するため、国家総動員法という法律を通して、国民全員を戦争のために駆り出した。企業も同様で、戦争遂行を最優先するため、国家が経営に介入し、従業員の雇用も保障させた。これが現在の終身雇用の原型と言われている。企業の系列や下請け構造というのも、この時期に政府によって人為的に作られた仕組みである。

戦後は国家総動員体制が解かれたが、大企業を中心にその慣行は残っており、最近までそれが続いていた。これが終身雇用の正体である。体力がない中小企業はそれを継続することは不可能であり、結局のところ恵まれた大企業の社員だけが終身雇用という特権を保持することになったのである。

お金持ちでないならば倹約が一番

いつクビになるのかわからないのであれば、たとえ年収が1000万円あったとしても、そのほとんどを消費に回すことなどあり得ない。だが終身雇用が成立していると信じている一部大企業のサラリーマンは、安心して全収入を消費に回すことができる。1000万円の収入がありながら生活が苦しい世帯というのは、このようにして出来上がっている。

以前にも触れたように、働かなくても生活できる資産を持っていなければ、お金持ちとは言えない。その意味では、年収500万円も、1000万円も、1500万円も基本的な条件は同じである。だが今はインターネットという強い味方がいる。情報収集能力を駆使すれば、500万円くらいの収入差は容易にカバーすることができる時代になった。

たとえば不動産は、情報収集能力の差が大きく影響してくるもののひとつと言える。広告宣伝に惹かれて新築のマンションばかりめぐっていては、お得な買い物をすることはできない。エリアを慎重に選んで、中古でもよしとすれば築浅の物件が格安で手に入る。多くの人にとって抵抗があるかもしれないが、ネット情報を駆使して、自殺などがあった、いわゆる「訳あり物件」を探し、超格安で手に入れる猛者もいる。食材もネット通販を駆使すると、驚くほど安く済ませることができる。

夫婦共働きで年収350万円ずつであれば世帯年収は700万円である。堅実に中古マンションを購入し、貯蓄を進めていけば、最終的には1000万円浪費世帯よりリッチになることも夢ではない。しかも共働きであれば、万が一どちらかがリストラにあったり、病気になっても何とかやっていけるのだ。

お金持ちは靴と時計を見ればわかるのか?

当たり前だが、お金持ちは自分でいくら資産を持っていますとは言わない。では、相手がお金持ちなのかを見分ける方法というのは存在するのだろうか? お金持ちを見分ける方法としてよく言われているのが、「お金持ちは靴を見ればわかる」という話と「お金持ちは時計を見ればわかる」という話である。この2つの説は本当に正しいのだろうか?

実際に検証してみたところ……

筆者は、この説を確かめるべく、お金持ちたちにインタビューするときには、必ず靴と時計にお金をかけているかを聞くようにしてきた。もったいぶらずに早く答えを教えろという声が聞こえるので、その結果を報告すると、この説は半分当たっていて半分ははずれていた。靴にお金をかけている人は半分程度だったが、時計にはほとんどの人がお金をかけていたのである。

靴にお金をかけていないお金持ちに、なぜ靴にお金をかけないのか聞いたところ「靴は減るものなのでお金をかけたくない」という、当たり前と言えば当たり前の回答がほとんどであった。これに対して時計は、以下のような肯定的な理由が並んだ。

「一生モノなのでお金をかける価値がある」

「いい時計をしていると自分に自信がでてくる」

「時計は人を表すから」

3つ目はかなり建て前が入っていて、ちょっとその気になりすぎかもしれない。一方で、数は多くないが、現実的な回答をしてくれたお金持ちもいた。

「人が時計をチェックするから」

読者の皆さんは人の時計や靴をチェックしているだろうか？　筆者は多くの人が時計をチェックするという説を確かめるため実験してみた。高級時計をはめ、イタリア製の高級靴を履いて人に会ったときに、相手が靴や時計をチェックするのか確かめてみたのである。結果は、時計チェックは圧倒的であった。かなりの割合の人が筆者の時計をチラ見している。だが、靴はその反対でサッパリだ。女性のほうが靴を見る割合が高いかもしれない。

要するにお金持ちは時計を見ればわかるのではなく、多くの人が相手をお金持ちと判断する材料が時計なのだ。靴があまりその対象とならないのは、おそらく目線が下で見にくいのとブランドがすぐに判別できないからと思われる。

まずは気持ちが大事

高級時計をすればお金持ちに見られるのであれば、みんな高い時計をすればよいのだし、極端な話、偽物でもOKということになる。お金持ちの記号としてはあまり効果がないのでは、とも思ったが、時計をチェックした人にその理由を聞くと、そうではないことがよくわかった。以下のような回答が圧倒的多数であったのだ。

「いい時計をしていると、やっぱりお金持ちと思うので……」

この結果を見ると、周囲からお金持ちに見られたければ、まず時計にお金をかけるのは効率がよい投資と言えそうだ。プロのモデルを目指す女性は、まず自分が美しいと思うことからトレーニングを始めるという。その意味では、自分がお金持ちであるという気持ちを持つことは大事である。そのための投資と思えば高級時計も安いものかもしれない。

一方、ふつうの人からはあまり重要視されなかった高級靴だが、ここにお金をかけられるようになれば、それこそ本物のお金持ちと言える。靴にお金をかけていると回答したU氏は、貿易関係の会社を複数所有する実業家だ。U氏の時計はスイス製の一点物で、靴にもかなりのお金をかけている。

「靴にお金をかけてもあまり投資対効果がないのでは？」という筆者の貧乏人根性丸出しの質問に、U氏はおだやかに笑って答えた。

「僕は靴の他に、自宅で飲むワインにもお金をかけています。ワインは飲んでなくなるものでしょ？　靴も高いものを履いていても誰も気がつかない。そんな無駄なものにお金をかけられるのは最大の贅沢だから」

なるほど。そういうことだそうだ。

お金持ちのための銀行、「プライベートバンク」とは？

お金持ちにはお金持ちのための専用銀行があるのをご存じだろうか？　「プライベートバンク」と呼ばれており、資産額が一定以上の顧客のみを対象とした特別な銀行だ。もともとスイスで発達したもので、顧客ごとに選任のコンシェルジュが付き、資産の運用はもちろん、子弟の進学や海外不動産の管理など、資産家のありとあらゆるニーズに応えてくれる。預け入れる資産は最低でも数億円が必要となる。

日本にはプライベートバンクと呼ばれるものは存在していなかったが、金融サービスの国際化に合わせて、海外のプライベートバンクが日本に進出するようになった。日本の金融機関もそれに刺激されて、最近では富裕層向けのサービスに力を入れるところも出てきている。だが一部には、富裕層向けのイメージを出しながらも実際には中間層にターゲットを絞ったサービスも多く、本当の意味でプライベートバンクなのか疑問なところもある。

プライベートバンクではどんな会話が交わされているのか？

プライベートバンクという名前からして何やら謎めいた雰囲気があるし、お金持ちだけに特別なサービスを提供していると聞くと、中ではどんなやり取りがされているのか知りたくなる。本物のプライベートバンクはどのようなものなのだろうか？　噂によれば、サロンなどが用意されており、ソファーに深く身を沈め、シャンパンなどを傾けながら、特別な投資案件を紹介してもらったりできるらしい。

あまり妄想ばかり膨らましても意味がないので、筆者は単刀直入にプライベートバンクの利用者に実情を聞いてみた。外資系のプライベートバンクのサービスを利用しているM氏だ。M氏は人材派遣の会社を立ち上げ、大手企業に売却し大きな資産を得たお金持ちである。資産の一部は外資系のプライベートバンクに預けているという。

M氏は「そんなの単なる幻想ですよ」と笑って、こう話してくれた。

「私は外国で育ったので、海外にも拠点がいくつかあります。海外送金や現地での運用というニーズがあるので、外資系金融機関とお付き合いしています。プライベートバンクのサービスは、そのおまけみたいなものです」

たしかに日本の金融機関よりも、海外送金などは手馴れていて使いやすいという。だが、プライベートバンクだからといって特別な話があるかと言うと、そうでもないらしい。

「たしかに海外のファンドなども紹介してもらえますが、自分で探すこともできなくはないレベルです。私が利用している銀行にはたしかにサロンはありますが、ごくふつうの応接ですよ。飲み物もあるにはありますが……。それに資産数億からと言われていますが、なかには数千万円で利用している人もいます」

どうもイメージしていたプライベートバンクの様子とはずいぶん違うようである。しかもいろいろと詳しく話を聞くと、お金持ちだからといって特別にいい思いができるどころか、とんでもない目に遭わされることもあるらしいのだ。

某外資系のプライベートバンクは、危険な商品を無理に顧客に販売して、顧客が大損を出してしまい、結局日本から撤退してしまったそうだ。お金持ちだから得するどころか、身ぐるみ剝がされそうになったのである。やはりお金持ちの世界は弱肉強食の世界。お金持ちは常にいい思いができているというのは幻想と思ったほうがよさそうである。

もっともM氏によれば、数百億円レベルのお金持ちになると話は違ってくるという。金融機関の方から選任の担当者がやってきて、いろいろな提案をされるらしい。特に株式を上場した企業オーナーには、相続税などの対策もあることから、そのようなサービスが多く提供されているという。考えてみれば、それくらいの大金持ちともなれば、わざわざ銀行に行って話を聞くなんてことはあり得ないことなのだろう。

プライベートバンクの役割に近いのは信託銀行

それでは日本にはお金持ちのための金融機関は存在しないのだろうか？　そんなことはない。欧米のプライベートバンクのようなイメージとは程遠いが、お金持ちのためにサービスを提供している金融機関がある。信託銀行だ。

日本のお金持ちの資産は不動産に偏っている。信託銀行はお金持ちが所有する不動産を有効活用するための支援などを行っている。第1章でも信託銀行の銀行マンに登場してもらったが、大規模な不動産の所有者には、必ずといってよいほど信託銀行の担当者が営業を行っているはずだ。また、遺言状などを管理するなど相続対策も彼らの仕事のひとつだ。ただしここは欧米ではなく日本。シャンパン片手に説明を受けるというようなサービスはない。ごくふつうの銀行マンが説明してくれる。

もっとも冒頭でも触れたように、日本の銀行でも富裕層向けサービスに力を入れるところも出てきている。１０００万円くらい用意できれば、銀行が用意するサロンで各種の手続きをすることが可能だ。欧米型プライベートバンクの雰囲気だけでも味わいたい人は、がんばって貯金してみてはいかがだろうか？

土地を持っているお金持ちと、お金を持っているお金持ち

日本は平等な国だと思われている。アメリカは貧富の差が大きく、日本は皆が中流階級というのが、これまでのイメージであった。だが、このイメージを覆す調査結果がある。スイスの金融大手クレディ・スイスが発表した2012年の世界富裕層数ランキングによると、100万ドル以上の純資産を持つお金持ちは、日本に約360万人も存在しており、アメリカに次いで2番目。しかも、前年より約8万3000人も増えているという。

だが、本当にそれだけのお金持ちがいるのだろうか？　そこには多少の数字のトリックと、日本特有の事情がある。最大の原因は円高である。同レポートの資産額もすべてドル換算で比較されている。日本円はドルに対して30年間で3倍に上昇したことを考えると、資産の額が膨れ上がっていることも納得できる。これに加え、日本特有の事情として、保有する資産が不動産に偏っているという点も大きい。

不動産に偏った資産内容

日本の不動産は、国の政策によって実態よりもはるかに高い価値が維持されてきた。しかも土地の所有者は高齢者に多く偏っている。高齢者は手厚い年金で生活が保障されており、土地を手放す必要がない。結果として、見かけ上の資産額が大きい不動産が温存され、全体的な資産額を押し上げているのだ。

首都圏の郊外でちょっとした土地を親から引き継いだ人であれば、見かけ上の資産が8000万円に達するケースは少なくない。本来そのような人は引退後は土地を売却し、貯金を取り崩しながら生活をするものだが、日本の高齢者は多額の年金が保障されているので、土地を売って生活の足しにする必要はない。これに円高が作用して、ドルベースでの見かけ資産が増大する仕組みだ。

見かけ上多額の資産を持っているといっても、その保有者の多くはふつうのサラリーマンである。生活は庶民そのものだが、統計上は富裕層にカウントされてしまう。日本にお金持ちがたくさんいると言われてもピンとこないのは、このような理由による。

諸外国のお金持ちは、金額が同じでもその内容は大きく異なっている。資産のかなりの割合が金融資産で占められているのだ。金融資産は土地に比べて自由に運用することができるので、お金でお金を生み出すことができる。お金持ちランキングの基準であった80

00万円の資産を持つ世帯を前提にすると、これがすべて金融資産であれば、3％の利回りで240万円もの年間収入となる。5％で回れば400万円である。8000万円の金融資産を持っていれば、本業からの収入に加えて240万円がプラスされるのだ。5年経てば1200万円である。諸外国のお金持ちは、こうしてどんどん資産を増やしていく。

一方、自宅の土地しか資産のない、日本の見かけ上のお金持ちは資産が増えることはない。

もっとも金融資産を多く持っていると、使い道の自由度が大きいだけに、お金を使い切ってしまうのも早い。特に浮き沈みが激しい事業でお金持ちになった人は、あっという間に事業がダメになり、無一文に戻ってしまうことも多い。だが一方で、なかなか転落せず、長期間にわたってお金持ちであり続ける人もいる。これは何が違うのだろうか？

転落しやすいお金持ちと、そうでないお金持ち

すぐ転落するお金持ちに共通した項目は「フロー」でお金持ちになっていることである。フローとは、経済学の用語で毎年出入りするお金のこと、これに対して「ストック」は、その結果として貯まったお金のことを指す。

フローでお金持ちになるということは、物やサービスを売って利益を出し、その利益が大きくなることを意味している。単純に考えれば、年収がどんどん上がり5000万円や1億円になったと考えればよい。フローでの儲けは手っ取り早いが、ヒットしていた物や

サービスが売れなくなれば、すぐに収入が減ってしまう。減った収入で支出をカバーできなければ即破産である。

確実に儲かるとわかっているものに対しては皆が参入したがるので、競争が激しくなる。その結果、利益も少なく、よほど大資本で勝負しないと勝てないという状況に陥ってしまう。一方、ニッチな分野は競合が少なく、うまくヒットが出ると利益を独占できる。だが市場の規模が小さいので、いつまでもその事業を続けていくことが難しい。急にお金持ちになる人は、たいがいニッチな分野で活躍している人なので、転落も早いのだ。

これに対してストックで儲けている人は寿命が長い。ストックで儲ける人というのは、不動産を運用したり、自分が経営する会社を上場させたりといった具合に、自分が持つ資産が値上がりすることで資産の規模を大きくしている人たちである。

ストックも経済状況を反映するので、未来永劫価値が持続するわけではない。リーマンショックのように一夜にして資産価格が暴落することもある。だがそれはかなり珍しいケースであり、一度まとまった資産ができれば、そう簡単になくなることはない。ストックをベースに事業を行っているお金持ちは、転落するにしてもゆっくりとしたペースで転落していく。

以上から考えると、基本的にフローで稼いでいて、流行り廃りが激しく、資産に転換できない（自分自身が商品など）といった条件を満たしてしまうと、転落する確率が高くなる。この条件をすべて満たす典型例といえば、芸能人である。

お金持ちを分類してみる

それでは、世の中に存在しているお金持ちをいくつかのパターンに分類してみよう。もちろんすべての人がこれらのカテゴリーに分類できるわけでもないし、そもそも人の分類なんてそう簡単にできるものでもない。だが、あえてそれにトライしてみると、お金持ちはパターン化することが比較的容易な人種であることがわかる。

作家のトルストイによれば「幸福な家庭は互いに似ているが、不幸な家庭はそれぞれに不幸である」らしい。お金持ちが必ずしも幸せとは限らないが、お金持ちで幸せな人は多いので、分類は容易になるわけだ。

ザ・日本のお金持ち「土地持ち」

すでに何度か触れているが、日本の資産家が保有する資産の多くは土地に偏っている。日本で資産家と呼ばれる人のかなりの割合が、先祖から土地を引き継いだ人である。

土地持ちの人物像は先祖から引き継いだ土地の総量によって大きく変わる。たくさんの土地を持っていると、売却したり運用したりすることで収益を上げることができるので可処分所得が大きくなる。あまり肉体を酷使せず、多くのお金を稼げるので、雰囲気は余裕たっぷりだ。

一方、それほどたくさんの土地がない人は、相続税を支払うだけでも大変な状態であり、可処分所得も少ない。下手をすると、後に説明する「庶民からの出世魚、小銭貯め込みパターン」の人よりもはるかに貧乏生活になってしまう。

土地持ちで野心のあるタイプの人のほとんどは、バブル時代に弾けてしまった。したがって今残っている土地持ちは、それほどお金がなく、地味なタイプの人が多いはずだ。

商売成功成金パターン

あまり規模の大きくない事業（「商売」というほうがイメージに近い）を立ち上げ、成功した人によく見られるお金持ちパターンだ。数もそこそこ多く、行動がとにかく目立つので、結構身近な存在と言える。

稼いだ金額はそれほど大きくはないのだが、稼いだ分はすぐに使うので、実際にバラ撒いているお金の額は多い。格好もコテコテだ。全身ブランド物に高級車というタイプがほとんどを占める。まわりは「成金」などと陰口を叩いたり眉をひそめたりするが、本人は

「成金」で趣味が悪いとは思っていないので、ほとんど意に介していない。商売には波があるので、あるときは羽振りがよくても、あるときにはお金がなくなってしまう。だが、このタイプは鼻が利く人が多く、商売が軌道に乗ると再び現れてくる。

庶民からの出世魚、小銭貯め込みパターン

日本特有のセコい感じのお金持ち。公務員や大手企業など安定的な職業についていて、親から自宅を相続し、貯金をしていくうちに資産家になってしまったというパターン。当然高齢者が多い。資産家とはいっても、自宅の家屋敷と貯金なのでたかが知れているが、日本の土地が高いことも影響して、退職金などが入ると億の単位になることもある。

このパターンのお金持ちの実態はサラリーマンなので、人間的には面白みのない「まじめ」な人が多い。貯金が大好きで、お金を派手に使うこともない。自家用車も国産車が中心。株式投資など「犯罪」なので、もってのほかだ。

銀行と国を異常に信用しており、個人向け国債の最大のお客さんである。また、住居用の不動産に対しても強い信仰心があり、普段はほとんど消費しないのに、息子夫婦のマンションの頭金はポンと出したりする。

もっともお金持ちらしいのは実業家

世間でいうところの「資産家」のイメージにもっとも近いのは、やはり実業家かもしれない。だが実業家には大きく分けて2種類ある。地域密着型の企業を親から引き継いだ保守的な事業オーナーと、外資系タイプの事業オーナーである。

保守的な事業オーナーは、いわゆる「地方の名士」的な人が多い。会社の役員報酬に加えて株式の配当もあるので、本業が儲かっているうちは可処分所得も高く、生活はリッチだ。親族経営だと、経費の支出も公私混同になりがちなので、さらにお金が自由になる。したがって、土地持ちのお金持ちよりも、たくさんお金を使える人が多く、水商売のお店にとっては最大級のお客さんとなっている。ただ雰囲気は閉鎖的で、会社をオープンに拡大しようという意向はあまり持っていない。

一方、同じ実業家で家業を継いだ人でも、アメリカ型価値観タイプの人は、まるで雰囲気が異なる。留学してMBAを持っていたりして、会社の株式を上場することにも積極的。ストイックな性格で、親族が会社を私物化することを毛嫌いする人も多い。株式を上場すれば、途方もない金額になるので、資産規模という意味では、どの資産家よりも金持ちだ。だが、ストイックな性格から無駄金は一切使わないので、まわりには金払いが悪いと思われていることも多い。

II

お金持ちの行動原理を学ぶ

3

お金持ちは
いい人？　悪い人？

お金持ちはワガママだ！

お金持ちは一般にワガママだ。特にお店などでサービスを受けると、強烈にワガママになる人がいる。お店にはそれなりのお金を落とすわけなので、多少のワガママは許容されるわけだが、度が過ぎると当然お店からマークされることになる。だが一方で、お金持ちはそれなりに目や舌が肥えている人が多く、お金持ちのワガママはお店にとっても大事な情報だったりする。ここでは、お金持ちのお店でのワガママ事例を紹介しよう。

『お役所の掟』の著者がレストランで大バトル

最初のワガママは、お店と対立してしまったケースだ。かつて霞が関の内情を暴露してベストセラーとなった『お役所の掟』を執筆した故・宮本政於氏は相当なお金持ちだったと言われている（残念ながら宮本氏は１９９９年に51歳の若さでパリで病没している）。

宮本氏は厚生省（当時）の医系技官だった。通常、中央官庁の職員は大学を卒業してすぐに国家公務員試験を受け、新卒として採用される。だが厚生省の医系技官は薬の認証など専門知識が必要なことから、医師の資格を持つ人が中途で就職するケースもある。宮本氏は日大医学部を卒業後、アメリカに留学して医者をしていたキャリアの持ち主である。家はかなり裕福であったらしく、ふつうの公務員とはかなり違うタイプの人だ。

裕福で外国暮らしが長い宮本氏が、日本的ムラ社会の中枢である霞が関に迷い込んだものだから、さあ大変である。ことあるごとに役所と衝突し、最後は懲戒免職になってしまった。この顚末を記したのが『お役所の掟』である。

その宮本氏だが、役所だけでなく、別のところでも熱いバトルを繰り広げていた。某有名ホテルのフレンチレストランである。氏は相当の食通で通っており、フランス料理にも造詣が深いと言われていた。彼が家族とレストランに出かけたときのことだ。「アペリティフ（食前酒）は何がよろしいでしょうか？」とソムリエに尋ねられた宮本氏は、「シャンパンにフランボワーズ（木苺）をたっぷり絞ったカクテルが欲しい」とオーダーした。

これに対してソムリエは「フランボワーズは大量に絞れるものではないので無理です」と答えた。いきなり戦闘モード全開である。「できるはずだろ！」という宮本氏のオーダーに対して、ソムリエはわざわざフランボワーズを持ってきて絞って見せるなど徹底抗戦の構えを見せた。

ちなみに、シャンパンにフランボワーズのリキュールを混ぜたカクテルやシャンパンにフランボワーズを入れたカクテルは存在しており、宮本氏がいっている話はまったく非現実的なことではない。だが、たっぷり絞ってカクテルにするのがどの程度妥当なのかという、高度というか、どうでもいいというか、妙な争いとなったようなのである。その後、料理のサーブや味付けで一悶着があり、宮本氏がたばこを吸い始めたことで店と大喧嘩になった。宮本氏はたばこはフランスの文化だと譲らず、結局店を出てしまったという。

宮本氏の食前酒オーダーに対して、一流のフレンチレストランがいきなりこのような応対をするとはちょっと考えにくい。もしかすると、それ以前に何度もトラブルがあり、食前酒はきっかけに過ぎなかったのかもしれない。

外資系金融マンの優しい店員教育

もうひとつは外資系金融マンのA氏のケースである。彼には行きつけの高級ダイニングがあるのだが、そのときはめずらしく昼間の、しかもティータイムに店に顔を出した。仕事で昼食を取り損ねたので、遅い昼飯のつもりだった。ランチメニューはなく、サラダとちょっとしたつまみしかなかった。A氏はサラダと白ワインをグラスで頼んだのだが、ワインを飲むとやはりバゲット（フランスパン）が欲しくなる。

A氏は店員に「サラダと白ワインの他にバゲットをお願いします」とオーダーしたのだが、店員は「ありません」と即答した。たしかにメニューには載っていないが、ここはそれなりの高級店である。バゲットを置いていないわけがない。いや、フレンチやイタリアンのレストランでバゲットがないというのは、韓国料理店でキムチを置いていないのと同じだ。

A氏はまだ若い店員に優しくいった。

「こういうお店でバゲットがないというのはあり得ないことなんだよ。奥に行って、フロアの責任者の人に、バゲットが欲しいといっている客がいるので出してもいいですか、と聞いてみてごらん」

店員が奥に行くと、すぐにフロアマネージャーが飛んできた。「申し訳ありません。すぐにバゲットをお持ちします」。まだ若く、フレンチやイタリアンのレストランに慣れていない店員は、バゲットのことをよくわからなかったのだ。フロアマネージャーは「ベテランでは当たり前と思っていても、新人にはちゃんと説明しないといけないことがよくわかりました。ご指摘ありがとうございます」と礼を述べた。

お金持ちでワガママなA氏でなければ、このような指摘はしなかったかもしれない。これは店側にとっても有益なお金持ちのワガママであったようだ。

お金持ちは素直に「ありがとう」と言える

お金持ちは、「ありがとう」という言葉を口にすることが多いと言われる。いわゆる「お金持ち本」と呼ばれる本にもよく書いてある。また実際、筆者の知るお金持ちにも「ありがとう」をよく使う人は多い。

お金持ちヨイショ本には、お金持ちが「ありがとう」を使う理由として、感謝の気持ちを忘れない心構えが相手にも伝わり、それが自分に返ってきてお金持ちになれるから、などと書いてある。親切が自分に返ってくるのは本当だろうが、それでお金持ちになれるなら、みんなお金持ちになっているはずだ。お金持ちが「ありがとう」を連発する本当の理由は何だろうか？

親切な行動の背景には上下関係が存在する

お金持ちが発する「ありがとう」や、お金持ちが取る親切な行動の効用は、実は目に見えない「上下関係」にある。お金持ちとそうでない人の間には、本人があまり意識していなくても「上下関係」が成立している。

お金のないふつうの人は、お金持ちに対して様々な感情を抱く。それが素直に表れれば尊敬であったり、羨望ということになるが、反対の形で表面化すると反発、嫉妬になる。いいか悪いかはともかくとして、お金のある人に対しては無意識的に「上」の人であるという感覚が働くのである。

立場が「上」と思っている人が、思いのほか親切だったり、腰が低かったり、人間的にいい人だったりすると、人はそのことに過剰反応する。同じ立場の人に親切にされてもあまり喜ばない人が、お金持ちに親切にされると、異常にはしゃいだりするものなのだ。お金持ちは、本能的にそのことをよく理解している。だからこそ、積極的に「ありがとう」という言葉を使う人も多い。

お金持ちはすでにお金を持っているわけだから、世間での評価をより重要視する。したがって、お店で外食をするとき、取材を受けるとき、パーティなどで知らない人に多く会うときなどは、非常ににこやかである。

筆者が知るある上場企業のオーナー社長は、直筆（本当はそうではない）のお礼状を書くため専任の秘書を雇っていた。秘書は社長が面会した人物を管理しているので、面会後、すぐにお礼状を作成して相手に送付する。そしてあえて秘書が電話し「○○（社長）がくれぐれもよろしくと申しておりました」と相手に伝える。相手は、「こんなに多忙な人なのに、わざわざ直筆のお礼状までもらって」と感激する。秘書から電話をもらうと、自分も大物と付き合っているという実感が増し、さらに気分が高揚する。そして「やはり上に立つ人はレベルが違う」と周囲に勝手に宣伝してくれるのだ。

お金持ちなのに、飲食店などでやたらと横柄に振る舞う人がいるが、その人はまだお金持ちになる途上で世間の評価にまで関心が回っていないか、世間の評価などはなから考えていないかのどちらかである。自分がお金持ちであることを自覚し、世間の評価をある程度重視していれば、ほとんどのお金持ちはにこやかに振る舞うようになる。

意外感の効用は立場が上でこそ発揮される

では、お金持ちのこういった行動から何か学べるだろうか？　それは意外感がもたらす効果である。人は意外な反応をされると印象に残るものなのだ。怖そうな雰囲気を漂わせている男の人が意外にも優しい言葉を口にしたりすると、女性はコロッと参ってしまう。逆も然りだ。キツそうな印象の女性が急に弱気になって甘えてくると、男はイチコロである。

よく理解しておく必要があるのは、意外感の背景には、やはり見えない「上下関係」が成立しているということである。怖そうな雰囲気を持っている人に対しては、どうしても遠慮しがちになる。それだけで十分な力関係なのである。自分が何か行動するときには、相手との位置関係をよく理解しておいたほうがよい。意外感を出す戦略は、ごくわずかであっても自分が「上」に立っているときでないと効果を発揮しない。対等または自分が「下」の立場にいるときには、かえって逆効果になることもあるので注意が必要だ。

人間は、実は外見だけでほとんどの印象を決めてしまう浅はかな生き物である。しかも厄介なことに、多くの人がそれに気づいていない。自分は中身で相手を判断していると思っている。初対面で有利な立場に立つためには、外見的な印象は極めて重要である。服装やアクセサリーは馬鹿にできないのだ。

お金持ちにはケチが多い？

お金持ちはケチだとよく言われる。たしかにそれは本当だ。多くのお金持ちが無駄なお金を使わないが、何でも出費を抑えているわけではない。使うべきところには使っている。使う必要がないと思うところにはビタ一文払わない代わりに、自分が必要だと思ったことには何の迷いもなく大金を投じる。お金持ちは、どこに金を使うべきかという感覚がふつうの人とは異なっているので、ある部分が一般人から見たらドケチに見えるだけなのだ。

派手に消費するお金持ちの心理

フェラーリに乗り、高級タワーマンションに住んで、ブランド物を身にまとっている人であっても、彼らなりの理由があって消費をしている。ハワイの高級コンドミニアムを所有するある女性資産家は、こう話す。

「どんなに忙しくても、何とか時間をやりくりしてハワイには行きます。成田から飛行機のビジネスクラスに乗ると、自分はなんて充実しているのだろうと感じます。ハワイに到着して自分のコンドミニアムから海を眺めると、さらにテンションが上がってきて仕事をがんばろうという気になります」

彼女にとってハワイは、リラックスして嫌な仕事を忘れるところではないらしい。リゾートに来てますます仕事をする気になっているのだ。ある種のお金持ちにとって消費は、仕事へのガソリンなのだ。だが、この女性は別の一面も持ち合わせている。

ネット通販である商品を購入したときのこと。キャンペーンでポイントが2倍だったのだが、サイト側の手違いでキャンペーンは終了していた。購入した後に訂正のメールを受け取った彼女は猛烈にサイトに抗議したという。1時間電話で怒鳴り続け、結局2倍のポイントをゲットした。ポイントが2倍かどうかは資産家のあなたにとってはどうでもよいことなのでは、という問いに、彼女は「この商品はポイントが2倍だったから買ったの。そうじゃなければ買う価値がない商品よ」と答えた。

6兆円を超える途方もない資産を持つマイクロソフト会長のビル・ゲイツ氏が、ポケットに入っているはずなのに見つからない1ドルの割引券を探すために、何分も他の客をカウンターで待たせた話は有名だ。つまりお金持ちは、自分が必要ないと思ったものへの出費には、絶対に首を縦には振らないのだ。どんなに性格が悪いと人に思われても。逆に必要と思えば躊躇なくお金を払い、それに後悔することはない。

金持ちは食事代をケチらない

こうした違いは日常生活にも表れる。飲み会や食事に行ったときに、やたら細かく割勘の計算をするタイプの人をしばしば見かけるが、お金持ちと呼ばれる人々のなかにはほとんど見当たらない。お金持ちは人におごりたがる人が圧倒的に多いのだ。もちろん、お金を持っていることを見せびらかしたいという欲望もあるだろう。だがそれだけではない。多くのお金持ちにとって食事や飲み会は投資なのだ。

親のお金を相続するのではなく、ゼロからお金持ちになるためには、投資や事業など何らかのリスクを取る必要がある。食事や飲み会では意外と重要な情報が得られることが多い。接待など仕事に直結していない会合のほうが、変な打算がないのでなおさらだ。だからお金持ちは食事を重視する。

筆者の知人である40代の女性は、一生懸命貯めたお金を頭金にローンを組んで、アパートの1棟買いをした。その後、次々に物件を購入し、今ではかなりの大家さんとなっている。彼女はアパート経営を始めるにあたって、知人友人のツテをたどり、飲み会を何回も企画した。そのなかで、実家や親類が土地持ちでアパートを経営している人をそれとなく聞き出し、その後は直接アポイントを取って一気に話を聞いた。

突然アパート経営の実態を聞かせてほしいという依頼に、多くの人が躊躇したらしいが、熱心に口説いたところ、多くの人が会って食事をすることをOKしてくれたという。しかも、直接競合になるわけではないと考えたのか、食事の効用なのかはわからないが、多くの大家さんが細かい利益の数字までオープンに聞かせてくれたというから驚きだ。

食事代には何十万円も使ったそうだが、彼女に言わせれば「自分には経験のないことにチャレンジするのに情報は必須。数千万円のチャレンジをするにあたって、経験者の情報が数十万で手に入るならタダみたいなもの」という。まさにその通りである。

食事が投資なのはわかったが、せっかく食事をしても無駄になることが多いのでは、という疑問も湧くだろう。それに対しては、ある実業家K氏のコメントを紹介しよう。

筆者「たくさん食事や飲み会をしても、無駄になることが多いのではないですか？」
K氏「そうですね。飲み会の8割が無駄になります」
筆者「8割への出費は無駄と諦めるのですか？」
K氏「とんでもない！　その人は今後会う価値がないとわかることは大きな収穫です」

お金持ちは気前よく食事代を出すのだ。もし一緒に食事をした相手にがっかりしたとしても笑顔でおごってくれる。だが、お金持ちは、その相手と食事を共にすることは二度とないだろう。要するに、そういうことなのだ。

お金持ちには友達がいない

作家でタレントの室井佑月氏が、いつもの口調でバラエティ番組でコメントしていた。

「だいたいさあ。いい大人でそれなりの立場で仕事していて、お金も持っているような人が、友達友達なんて言うかよ!?」

彼女の話は極端だが、結構核心を突いている。たしかにお金持ちは、友達とはあまり積極的につるんでいないことが多い。彼女は元銀座のホステスである。ホステスはお金持ち(偏っているかもしれないが)を身近に見る職業のひとつなので、おそらく実体験からきている発言なのだろう。

では、お金持ちはなぜあまり友達付き合いをしないのか? それとも、お金持ちは性格が悪いので嫌われているだけなのだろうか?

お金持ちに友達が少ないことには2つの理由がある。ひとつは、気まずい雰囲気になることが時々あって、それが嫌だからという理由である。結婚生活やマイホーム購入、子供の進学などに関係する年齢になってくると、経済的な環境の違いがいろいろと出てきて、一般的な生活をしている友達とは話がしにくくなる、というパターンである。

もうひとつは、時間の進み方が我々一般人とお金持ちでは違うからである。ピンとこないかもしれないが、お金持ちの時間には高い値が付けられており、ふつうの人とは、時間の進み方が変わってくるのだ。

お金持ちが負担に感じるコミュニケーション

日本は同質社会なので、お互いが同じ境遇であることを無意識のうちに前提として相手に強要する傾向がある。一般の人はこのことを何も意識しないのだが、お金持ちにとっては違和感があるのだという。都内に住む資産家のMさんは、大学の同級生たちとの飲み会が苦手だ。Mさんは地方出身で東京の大学に入学した。卒業後は田舎には戻らず東京でサラリーマンをしている。

大学時代や社会人になったばかりの頃は、まわりの友人とは何の隔たりもなく付き合うことができた。だが、状況が少し変わり始めたのはMさんが結婚し、マンションを購入した頃からだ。20代の後半か30代に入ると、結婚やマイホーム購入をする人が増えてくる。この頃から、まわりの友人たちとの違いが顕在化してきたというわけである。

多くの友人たちは、30年ローンで郊外のマンションを購入している。一方Mさんは、港区の高級マンション住まいだ。最近は無理してローンを組まず賃貸のままでいる人も増えてきたが、Mさん世代はいわゆる昭和な人が多く、マイホームは絶対的な憧れである。Mさんに言わせると、住宅ローンの自虐ネタが出てくるとピンチだという。

「いやー、オレも30年間マンションの奴隷だよ」
「もしオレが今死んだら、ローンはチャラになって嫁さんは喜ぶかも」
「お前も完全に守りに入ったな」

ひとしきり自虐ネタを披露し合った後に、皆はハッとMさんだけはそうではないことに気づき、「お前は立場が違うからなあ」とボソッと言われてしまう。最後に割り勘するときも「また無駄金を使ってしまった！ 止められないんだよな」などのセリフの後に「あ、お前は関係ないか！」と一言加わってくる。

今はまだ子供が小さいが、この先小学校受験などをする年になったときのことを考えると、ますます話が合わなくなるかもしれない。相手に悪気はないのはわかっているが、最近はなんとなく昔の友人との飲み会には足が向かなくなっているという。

お金持ちは時間の進み方が一般人と違う

時間の概念が変わってくることも、以前の友人と距離ができる大きな原因となる。都内にアパートを何棟も所有する女性不動産オーナーのUさんは、資産が1億円を超えてから自身の時間の概念が激変したという。

「1億円で3％の利子や配当がもらえるとすると、年間300万円です。ですので、1億円を3％で運用する人にとって時間の値段は年間300万円なんです」

資産が増えれば増えるほど、時間の値段は上がっていく。資産10億円の人は時間に年間3000万円の値段が付く。1日8時間労働に当てはめれば、時給1万5000円である。友達と会って、あまり意味のない会話をしてダラダラと3時間すごしてしまうと、理屈上4万5000円損する話になる。お金持ちになると、このような時間が非常に無駄に思えてくるのだそうだ。

とはいえ、気の置けない仲間とわいわいやるのは大切なことだし、意味があるのではないだろうか？　だが、お金持ちにとってはそうでもないらしい。Uさんはいう。

「私も昔はごくふつうのＯＬでしたから、そのような生活をしていました。でも、昔の私も含めていうのですが、庶民って話がいつも同じなんですよね」

時間の価値が変化したのと、同じような話にあまり興味が湧かなくなったことが重なり、女子会からも自然と足が遠のいていったらしい。

では、お金持ち同士は仲良くならないのだろうか？　Ｕさんの答えはこうだ。

「もちろん、お金持ち同士の集まりというのはあります。ここではあまり気兼ねなくお金の話もできるので助かっています。ただ、皆さん用心深いので、核心部分はなかなか話しません。なので、本当の友達にはなれませんね」

お金持ちに友達がいないというのは、どうやら本当らしい。

チビ・デブ・ハゲには逆らうな

「チビ・デブ・ハゲには逆らうな！」これは、苦労人の実業家にして、現在では資産家として悠々自適の生活を送る関西在住のG氏が語る格言である。実際にチビ・デブ・ハゲなのかどうかが問題なのではなく、コンプレックスは人間にとって大きな原動力になることのたとえである。コンプレックスを持った人間は、見返してやりたいと努力するだけでなく、ふつうの人であれば見過ごしてしまうことにも、気がつくことがよくあるのだという。たしかに本人は気づいていなくても、人を傷つける発言をしてしまう人は多い。悪口は言われた人にしかわからないことも多いのだ。コンプレックスを持っている人は、他人の発言に傷つくことも多いが、その分、人間の本質を見極めやすい。

必死に努力し、かつふつうの人には見えないものが見える人は、成功する確率が高くなる。逆にいうと、敵にすると怖い。だからG氏は、強いコンプレックスを持った人間には逆らわないようにするのだという。

ソフトバンクの孫氏が成功するわけ

またG氏は、多かれ少なかれ、人間は誰でもコンプレックスを持っていると考えている。そこで、人に会うと必ず、その人は何にコンプレックスを感じる人種なのかを、何気ない会話を通じて探るのだという。もし、コンプレックスにつながる要素が何も見つけられなかったら、その人は何かを隠していると考えて、警戒して付き合うそうだ。ちょっと極端だが、G氏の人物判定方法はなかなか鋭いものがある。

話は戻って、ハゲの億万長者と言うと真っ先に思い浮かぶのが、ソフトバンクのトップにして世界的億万長者の孫正義氏だ（孫さん、すみません）。孫氏の身長は推定だが160センチくらい。結構若いときから頭は今の状態に近かったので、お世辞にもイケメンとは言えない青春時代だっただろう。だが不思議なもので、億万長者となった現在の孫氏の風貌は、風格漂うものになっている。

もっとも孫氏は、在日韓国人の家庭の生まれだったため、多くの差別を受けて育ってきた。彼の反骨精神や起業家精神はそこで養われたものであり、容姿のコンプレックスなどどうでもよいレベルだったかもしれない。

孫氏に直接話を聞いたわけではないので本当のことはわからないが、実は孫氏にはもうコンプレックスなどないかもしれない。なぜなら、お金持ちになるとコンプレックスの大半がきれいさっぱりなくなると言われているからだ。

お金持ちになるとコンプレックスがなくなる理由

「いやぁ、いままで自分が感じていたコンプレックスは何だったのだろうという感じです」と笑うのは、都内に住むある起業家だ。彼は中堅大学を卒業して、営業の仕事に就いた後、その会社を辞めて独立した。抜群の営業力を生かして事業を拡大し、社員50人を抱える中堅企業に成長させた。そこで得た資金をもとに、立て続けに3つの新しい事業を起こしたが、どれも順調に成長して、本人は現在ではセミリタイアしている。

「サラリーマンをしているときまでは、自分の学歴にものすごくコンプレックスがありました。いつも人から見下されているような気がしていました。ですが、会社が成功してお金持ちになってみると、それがスッと消えてなくなっていたのです」

自分では気がついていなかったが、彼の中では、高学歴とお金持ちになることが結び付いていたのだ。たしかに日本では、勉強ができていい学校に入れると、いい会社に就職ができて、いい給料がもらえるという思考パターンを小さい頃から叩き込まれる。実際には、いい会社に就職できたところで、大してお金持ちになれるわけではない。苦労して高学歴を得た勉強エリートは、その事実を受け入れたくない。そのために、やたらと学歴ばかりが強調される、という結果になる。

起業家であった彼は高学歴が欲しかったのではなく、本当はお金持ちになりたかったのだ。お金持ちと高学歴が意味もなく結び付けられていたので、高学歴でなかった彼は激しいコンプレックスを持ったのである。だが彼は、努力の結果、お金持ちになることができ、自分本来の欲求を満たすことができた。すると、彼にとって高学歴など、もうどうでもよくなってしまったというわけである。

全員がそうではないだろうが、学歴エリートと呼ばれる人の中にも、実はお金への欲求が極めて強い人は多い。そしてその多くが、自分でもそのことに気づいていない。エリート公務員がつまらない賄賂を受け取って処分される事件や、一流企業の社員が高級時計を万引きするケースなどが報道されることがある。「なんで!?」と思うような話だが、お金に対するコンプレックスと考えると説明がつく。

勉強エリート君は基本的に「まじめ」である。先生や親から勉強すればいい生活ができると教えられると、まっしぐらに努力する。しかし、長年の受験勉強に耐えて入った一流企業の給料では、実は思ったほどお金持ちにはなれない。一方で、中卒だが商売で成功した人は若くしてベンツに乗り、ロレックスの時計をしている。この事実に折り合いがつかないのだ。勉強エリート君は、本当はお金持ちになるための努力をすべきだったのだ。

自分に合った生き方をすることはものすごく大事なことのようだ。

お金持ちは人に感謝しない

お金持ちは人に感謝することがない。それは、お金持ちが自分勝手で人に感謝しない人という意味ではない。お金持ちが他人に報いる場合には、「感謝」ではなく「お礼」をするのだ。お金持ちが使う「感謝」という言葉の意味と、貧乏人が使う「感謝」という言葉の意味はまったく異なっている。

お金持ちが「感謝」するのは、「天賦の才能」であったり「健康な体」であったり「自分に成功をもたらしてくれた環境」に対してである。直接的にお礼をすることができないものには、感謝の心を表すのである。つまり「感謝」というのは、本人の心の中の問題であって、実際に自分が何かをして相手に報いるという行為ではないのだ。だからお金持ちは、他人の世話になったら「感謝」ではなく「お礼」をするのである。

資産家でかつては政治家だったこともある糸山英太郎氏（会社の乗っ取りでも有名）は、昔ある証券マンからインターネットによる株取引のやり方を詳しく教えてもらったという。当時、株のネット取引は始まったばかりで、どの会社もサービスを提供しているというわけではなかった。糸山氏にネット取引を教えた証券マンが所属する会社も、まだネット取引のサービスを提供していなかった。

だが糸山氏から「ネット取引について雑誌で見たけど、どういうものなの？」と聞かれたその証券マンは、パソコンを取り出し、他社のサービスを使ってネット取引のやり方について懇切丁寧に説明したという。自分の会社ではサービスを提供していないものの、自身の勉強と情報収集のために他社に口座を開いていたのである。糸山氏はネットの大きな可能性を即座に感じ取り、その後の事業活動にすぐに生かすことになったという。

糸山氏はネット取引について教えてくれた証券マンに「感謝」しなかった。その代わりに「お礼」をしたのである。数億円の取引注文をポンと発注したのだ。その証券マンが支店において伝説的なトップ営業マンになったのは言うまでもない。

感謝されたのかお礼されたのかの違いは大きい

軽々しく「感謝」「感謝」と口にする人は、基本的に「人に何かをしてあげよう」という意識は薄い。それに比べて「お礼」をするという行為は、自分に対しても他人に対しても厳しくなければ実現できないものである。身銭を切るわけだから、本当に貢献してくれた人にしかできるわけがない。そのことは逆に、自分は他人からお礼されるだけのことをしているのか、という問いにつながってくる。

だが一方で、「お礼」という行為はおろか、「感謝」の言葉さえ他人にかけることができない人が多く存在する。このため他人から「感謝」されることは意外と少なく、「感謝」されただけで舞い上がって喜んでしまう人がたくさんいるのも事実なのだ。こうして「感謝するのはタダ」という格言が生まれることになる。感謝すれば人は喜んでホイホイ乗ってきてくれる。感謝を口にするのはタダなので、これほど安上がりな投資はない、というわけだ。

したがって、お金持ちから「感謝」の言葉をもらったときには、半分は素直に喜んでよいが、半分は冷静に受け止めるべきだ。自分は「感謝」されたのか「お礼」をされたのか？　その違いは大きいのである。

お金持ちはすべて自分のせいにする

お金持ちになれる人というのは、なかなか人にはできないことを実現しているので、多くの優れた面を持っている。その中でも特にすごいのが、結果のすべてを自分のせいにできる精神力の強さである。逆にいうと、このメンタリティさえ身につけることができれば、かなりお金持ちに近づくことができるのだ。

往々にして人間は、他人のせいにすることにかけては天才である。曰く、仕事がうまくいかないのは周囲が非協力的だからであり、自分がお金持ちになれないのは世の中の仕組みが悪いからである。

この例は、かなりダメ人間のレベルかもしれないが、以下はどうだろうか？　――信用していた人に裏切られた、投資した会社の業績が悪化して株が下がった、コネのある人にいい話を持っていかれてしまった……。このようなケースでは、自分のせいではないと思いたくもなるかもしれない。だがお金持ちになれる人は、これらのことが起こっても、すべて自分のせいにすることができる。

信用していた人に裏切られるなどというのは、100%裏切られたほうに責任がある。人は誰でも裏切る可能性があることは周知の事実であり、その対策を一切していなかったなどというのは怠慢以外の何物でもない。投資した会社の業績悪化を予想できなかった、あるいはそれが発生する可能性を予見していなかったという話もこれと同様、すべて自分のせいである。

コネを持っている人に負けてしまったというような不条理な話であっても状況は変わらない。世の中にはコネを使った不正行為が存在していることなど、前から知っていたはずである。そうであれば、それを前提としたレースをしなければならない。不正行為によって自分に不利益があることを織り込めないのであれば、お金持ちへのシビアなレースに勝てるわけがないのだ。

多くの人はそうと気づかず他人のせいにしている

多くの人は、自分が他人のせいにしていることを自覚すらしていない。他人のせいであるとストレートには言わないものの、実際にはそれを言い訳にしているケースは非常に多いのだ。

もっともよく耳にするのが、家族の存在を、自分が行動しないことの理由にしてしまうパターンである。子供や奥さんがいるので思い切れないという人のほとんどは、自分が努力しないことの言い訳として子供や奥さんをダシにしているだけである。厳しいようだが、その心理は、すべてを他人のせいにしている人と基本的に変わりない。

お金持ちになれる人は、他人の行動が引き起こした事態や、自分自身の環境などもすべて自分のせいと考えることができる。自分が病気でダウンして損失を出した場合でも、病気になった自分がすべて悪いのである。病気になったときの対応策を構築していなかったのは、ほかならぬ自分自身だからだ。

すべての責任が自分にあると考え始めると、今後自分の身に起こってほしくないことを100個も200個も列挙するはめになる。なかなか気が滅入る話だが、極めて重要なことだ。この結果、お金持ちは冷徹な危機管理を行うことになり、不測の事態でも大きくお金を失うことがない。また日々発生する小さなトラブルで少額のお金を失うことも少なくなる。この積み重ねは10年、20年という長期間になると、途方もないレベルで効いてくるのだ。

4

お金持ちの感覚を知る

――お金持ちへの第一歩

お金持ちだけが持つ独特のカンとは？

お金持ちは独特の判断基準を持っている。ふつうの人は、何かを判断しなければならないときには、たいがいまわりの人たちがどう考えているのかを基準にする。日本はムラ社会なので、下手に自分の主張をすると危険だ。自分の判断や行動が周囲から浮かないかどうかをいつも考えてしまう。このやり方を続けていれば大きな失敗はないかもしれないが、逆に言えばチャンスを失ってもいる。

お金持ちになった人の多くは、人と違うことをやってお金持ちになっているので、何かと人と違う行動を取る。そして、人と違う行動をとるためには、独自の判断基準が必要となるのだ。

お金持ちになれるかなれないかは、独自の判断基準をどれだけ持てるかにかかっている。お金持ちの判断基準は、お金持ちになろうとする人にとっては非常に参考になるはずだ。

話の中身を聞かず、人物だけを見る

地方で建設関係の会社を経営しているある資産家は、祖父の代から事業を営む一家に生まれた。だが彼はそのまま父親の会社を継ぐことはせず、自分で新しいビジネス形態を考え、別会社を立ち上げて社長になった。もともとが資産家なので、ゼロからの起業家というわけではないが、保守的な地方にしてはめずらしく新しいことばかりやってきた人である。彼の判断基準は常に「人」である。

「新しいことは自分も含めて知識がないので、あれこれ考えても意味がありません。何かを人から持ちかけられたときには、その中身ではなく、その人だけを見ます。とにかく会って、じっくり話をして、その人がどんな人物か見極めるのです。極論をいうと、話の中身はほとんど考えません」

同じく地方で事業を営むある経営者の判断基準はもっとすごい。

「私は相手の声だけで判断します。声にハリがあり、元気にしゃべる人の話はじっくり聞きます。ボソボソいう人は最初から相手にしません」

2人の例はかなり極端かもしれないが、ある意味で本質を突いている。人間の知識や経験などたかが知れている。変化が激しい世の中で、新しい動きについてすべてを把握するのは困難だ。だが人物に関する評価は、一定の経験があれば、世の中がどんなに変化しても普遍的に対応できる。話の内容よりも、どんなタイプの人がどのように話を持ちかけてきているのかを判断するほうが安全という考え方である。

もちろん、これは誰にでもできるワザではない。人を見極める能力がない人がこれをやれば、いとも簡単に人に騙されてしまうので注意が必要だ。

さらに重要なのは、ふつうの人は、なかなか覚悟を決めることができず、実践するのは意外に難しいということである。「僕にはよくわからないから」というセリフは日常的によく聞くが、このセリフが出てくる状況は、ほとんどが損得に関係していない。大金がかかっている状況で、自分は新しいことには詳しくないので、人物だけを見極めると腹を括るにはかなりの度胸がいる。自分の判断に相当の自信があり、自己責任を全うする覚悟があってこその方法論と言える。

だがこのやり方を貫徹できれば、時代や技術が変わっても、何も恐れる必要はない。インターネットが登場しようが、新しい金融テクノロジーが登場しようが、彼らにとってはどうでもいいことだ。判断基準は何も変わらないからである。

数字は人格を表す？

広告関係の会社を経営する実業家は、まったく別の基準を持っている。それは数字だ。

「数字は人柄を表しますから、数字を見ればそれで十分です。相手が会社なら調査会社などを使って決算情報を入手します。相手が個人の場合は、年収や家の値段など数値の情報が有効です。完全にわからなくても、それとなく聞き出します」

最初はハッタリかと思ったが、そうではなかった。筆者がよく知る会社の決算書を彼が見た際に、社長の性格やおおまかな経歴までも言い当てたのである。どのような業種か、社歴はどのくらいか、役員構成はどうなっているか、利益はどのくらいか、本社はどのくらい移転しているかといった情報で、社長の人柄はある程度の想像ができるという。さらに資金の回転率や負債の変化など、より細かく見ていくと、場合によっては社長の経歴までも把握できるという。

筆者も仕事柄、会社の決算書を見る機会は多いのだが、どんなにごまかしても数字は嘘をつかない。粉飾決算をしている会社はおおよそ見当がつく。数字の動きに性格が出るという話はあながち嘘ではない。

実はアメリカではプロファイリングといって、人物像を類型化して分析する手法はかなり一般的に用いられている。どのようなタイプの人がお金持ちになりやすいとか、出世しやすいというような情報が学問的な研究対象となっているのだ。先ほど登場したお金持ちたちは、知らず知らずのうちに、自らこの手法を身につけていったに違いない。

この方法は、下手をすると独断と偏見から大きなミスを招く可能性もある。だが、人物像を類型化するやり方を自分なりにマスターすることができれば、非常に強い武器になることは間違いない。少なくとも、「皆がそういっているから」というもっともあてにならない情報に左右されることだけはなくなるだろう。

お金持ちが電車やバスに乗らない理由

お金持ちは、地下鉄やバスといった公共交通機関に乗らない人が多い。だが話をよく聞いてみると、単なる贅沢で公共交通機関に乗らないというわけではないようだ（中にはそういう人もいるだろうが）。もしかするとこのあたりに、お金持ちになるためのヒントが隠されているかもしれない。お金持ちが地下鉄やバスに乗らない理由を探ってみた。

移動中の打ち合わせは定番

あるＩＴ企業のオーナー社長は、明らかに電車のほうが早いという場合を除くと、基本的にタクシーを移動手段に使っている。彼がタクシーを好むのは、移動中に携帯電話やメールで連絡や簡単な打ち合わせを済ませてしまえるから。タクシーの車内であれば思う存分に話ができるので、タクシー代のもとは十分に取れると考えている。

同じくＩＴ関連企業を複数経営するある実業家は、移動にさらにコストをかけている。

街中でタクシーを拾うのではなく、一部のタクシー会社が提供しているハイヤーサービスを使っているのだ。ハイヤーの運転手は優秀で、予想した到着時刻通りに目的地に到着することがほとんどだという。雨の日などはタクシーが拾えなくなることがあるので、少々お金がかかっても、自分の車として一定時間キープしておけるハイヤーサービスは欠かせないという。

最近の風潮を反映してか、リスク管理の一環として電車に乗るのをやめたお金持ちもいる。ある飲食店オーナーは、痴漢の冤罪を避けるために、電車通勤をやめてマイカー通勤に変えた。欧米の先進国と異なり、自白や証言を中心に裁判を行う日本では冤罪が起こりやすい。特に痴漢の場合には、被害者の証言がすべての根拠になるため、一旦加害者にされてしまうと無実を証明する手段がない。

最近では痴漢冤罪もさらに深刻化している。JR新宿駅での事件は悲惨極まりない。25歳のある男性は痴漢に間違えられ、女性の連れと称する男数人にボコボコに殴られた。あげくの果てに痴漢加害者として逮捕され、警察には話をまったく聞いてもらえず自白を誘導され、状況に絶望して自殺してしまったというものだ。「冤罪になるリスクを抱えながら電車に乗ることを考えれば、駐車場代など安いものです」とオーナー氏は語っている。

健康管理という別の観点から電車に乗らないお金持ちもいる。投資ファンドを運営するある金融マンは、特に冬の期間、地下鉄などに乗ることを避けている。それは風邪やインフルエンザの感染を予防するためだ。投資ファンドの責任者である彼は、常にシビアな判断を求められる。このため、絶対に風邪を引きたくないという。

　風邪予防と言うと、うがいやビタミン補給などが思い浮かぶが、彼の考えは違った。それは風邪予防の定説に疑いの目を持っていたからだ。彼は学術論文を検索し、風邪やインフルエンザの感染ルートを徹底的に調べた。すると、電車内における飛沫感染、吊り革やエレベーターボタンなどからの接触感染の割合が極めて高いことがわかった。要するに、不特定多数の人が集まり、接触するものが危険なのだ。

　自分の行動を注意深く観察していると、手を口や鼻、目に持って行くことが非常に多いことがわかる。ウイルスに汚染されたエレベーターのボタンや吊り革に触れた手で口や鼻を触れれば、大量のウイルスを体内に入れてしまう。彼は地下鉄などの乗車をやめ、タクシーに切り替えた。タクシーも誰が乗るかわからないが、地下鉄に比べればだいぶリスクは少ない。その効果は絶大で、いつも冬になると風邪を引いていたのが、タクシー移動に変えてからはほとんど引かなくなったという。

お金持ちは混雑が嫌い

　お金持ちで混雑を嫌う人は多いのだが、公共交通機関を使わないことと、混雑を嫌うことは当然、大きく関係している可能性が高い。不動産関係のビジネスを手がける北関東在住のあるお金持ち夫妻は、よく東南アジアのビーチリゾートに出かける。泊まるホテルは、全室スイートやコテージタイプという高級なところばかりである。その理由は混雑が嫌いだからである。

「リゾートホテルではチェックインのときに待たされることがありますが、これがすごく嫌です。空港からホテルまでのシャトルなどで長時間待つのも耐えられません」

とにかく待たされてイライラすることがないよう、客室数が少なく、ホテル側がきめ細かく対応してくれるところを厳選しているという。値段はいくらでも構わないそうだ。夫妻は待たされたりするくらいなら、家でテレビを見ているほうがマシだという。

お金持ちが待つ時間を嫌がるのは、おそらくその時間がもったいないからである。待たされるということは、自分の時間を浪費して相手に供与しているのと同じである。時間を浪費するくらいなら、お金を払ってその時間を買うほうがまだマシである。行列に並ぶのも同じことだ。行列に並ぶのは、自分の時間を店側にプレゼントしているのだ。彼らに言わせればボランティアみたいなものである。つまり、お金持ちにとって時間は売り買いできるものであり、できるだけ多くの時間を持っているほうがゲームを有利に進められる。このため、お金を出して時間を買うことになる。

ＩＴ系のビジネスを個人で営むある実業家は、さらに手厳しい意見を持っている。行列に並ぶのは「他人と同じであることを確認したいだけの後ろ向きな行為」であるという。

多くの人は、ムラ社会で仲間はずれにされるのを極端に恐れる。このため、他人と自分は同じであるという確認作業を常に行っており、行列に並ぶのはその最たるものだという。多少過激だが、この意見は傾聴に値する。

行列に並んで安心感を得ているかどうかはともかくとして、行列の先にはサービスや商品を提供する事業者が必ず存在している。行列に一生懸命並ぶということは、自分が完全に消費者の側に立っていることを意味している。「どうだ、面白いだろ！」という事業者に対して、行列という不便を味わってでも商品にありつきたい消費者。おのずと勝負は決まっている。このようなことばかりやっていたのでは、いつまでもお金を貢ぐ側であり、貢がれる側にはなれないだろう。

お金持ちはファーストクラスには乗らない

混雑する電車に乗りたがらないのなら、当然お金持ちは飛行機でエコノミークラスには乗らない。お金持ちがビジネスクラスが大好きというのは本当だ。筆者が話を聞いたお金持ちの多くが、海外旅行の際にはビジネスクラスを使っている。だがファーストクラスを使うお金持ちは意外に少ない。なぜビジネスクラスがいいのか聞いてみると、一番多い回答が「もっともコストパフォーマンスが高いから」だった。

ビジネスクラスはそんなにコスパが高いのだろうか？　たしかにビジネスクラスは以下の点で非常に快適だ。

- シートが広い（最近はフルフラットが増えてきており、かなりベッドに近い感覚）
- 機内が静か（まわりにうるさい人はほとんどいない）
- 離陸前からシャンパンが飲める
- ラウンジが使える

・荷物スペースがたっぷりあって取り合いにならない
・機内食がうまい

だが、ビジネスクラスは値段が高い。アメリカ西海岸に行くのに格安エコノミーであれば数万円なのに、ビジネスクラスになると、エアラインやチケットの種類にもよるが30万から50万円という値段になってしまう。快適なのはわかるが、これでコスパが高いと言えるのだろうか？

ファーストクラスには乗らないお金持ち

旅館やホテルのオーナーをしているSさんは、海外の観光地やホテルの情報収集も兼ねて、毎月のように海外旅行をしているお金持ちだ。旅行には毎年1500万円くらいかけているとのことで、お金には相当余裕がある。Sさんはいつもビジネスクラスに乗っているが、ファーストクラスには乗らないのだそうだ。「ファーストクラスに乗るのはお金をドブに捨てるようなもの」とSさんはいう。

ファーストクラスは、下手をするとビジネスクラスの倍くらいの料金だが、シートが2倍広いわけでもなく、トイレのスペースも同じ。ラウンジが別といっても、ファーストクラスの値段を考えると、ビジネスクラスのほうが圧倒的にお得だという。なるほど、お金持ちはファーストクラスも含めてコスパを考えていたのか！

たしかにエコノミーは絶対的に安いが、狭くて疲れるし、ラウンジも使えない。荷物を入れるスペースは狭く、食事のタイミングなども融通は利かない。これに対してビジネスは、いたれりつくせりだ。だがファーストになると、さらに途方もなく快適なのかと言うと、そうでもない。値段とサービス内容を総合的に比較すると、ビジネスクラスが一番お得というわけだ。

お金がないとそもそもファーストクラスは眼中に入らないので、これはお金持ちでないと思いつかない発想だ。そう考えると、何が一番お得なのかという話には、案外いろいろな盲点があるかもしれない。自分が得だと思っていることも、視点を変えて見直してみることをおすすめしたい。

もっともエアライン側もこのことは認識していて、最近では完全個室型のファーストクラスも登場している。このようなタイプが当たり前になってくれば、コスパの話も少し変わってくるかもしれない。

ファーストクラスにはどんなお客さんが乗る？

ところで、Sさんが厳しい評価を下しているファーストクラスは、実際どの程度の快適さなのだろうか？　そして、誰が乗るのだろうか？　筆者はソフトウェアのライセンスビジネスをしている実業家と一緒に香港に行く機会があり、その際ついにファーストクラスに乗ることができた。実業家氏は仕事柄、某エアラインのヘビーユーザーだが、ビジネスクラスで予約すると、しょっちゅうファーストクラスにアップグレードされているという。このときのフライトは彼が一括して予約したのだが、そのおこぼれで、たまたまファーストクラスに乗ることができたというわけである。

たしかにシートはビジネスよりも広くて個室感もあるが、特別に広いわけではない。機内食は完全にフルコース形式で時間も自由。ワインの種類も多い。だが、ビジネスの倍近くの値段をわざわざ出して乗るかと言われると、ちょっと考えてしまう。

このときの便は乗客が少なく、ファーストに乗っているのは我々以外には一組の香港人（？）カップルだけだった。ただし、カップルといってもただのカップルではない。男性はおそらく芸能人かそれに近い職業なのだろう。背が高く超イケメンだ。真っ黒のスーツをビシッとキメている。彼女もモデル体型だ。

イケメン君はキャビンアテンダントにも気を遣い、シャンパンのグラスを片手に時折にこやかに立ち話をしている。彼女も一緒に食事をしたかと思うと、別の席で（ガラガラなので）一人気ままに雑誌を読んだりしていて、いかにもクールですという感じだ。ちょっと古いテレビドラマを見ているような感じがして、少し苦笑してしまった。

Sさんによれば「この手の乗客はファーストに多いですよ」という。ビジネスクラスだと本気の仕事モードでパソコンを打ちまくり、メシを食ったらさっさと寝る客も多いので、基本的にまわりは静かだという。ファーストになると、時々ちょっと元気なお客さんが乗ってくるので、雰囲気がだいぶ違うのだそうだ。

つまりファーストクラスは、ファーストクラスに乗ること自体にお金を出す人がメインの乗客というわけだ。こういう商売は実はあちこちに存在している。事業で成功してお金持ちになりたいと考える人にとっては、この話はちょっとしたヒントになるかもしれない。

お金で命を買うことはできるのか？

最近では富裕層ブーム（？）を反映して、お金持ちのための特別な病院が増えている。病院は命に関わるところなので、お金持ち専用病院があると聞けば気になるところだ。お金をたくさん払うといい治療が受けられて、寿命が延びるなんてことがあるのなら、それこそ不平等だと憤る人もいるだろう。

ところが、この富裕層向けの病院、お金持ちがこぞって通っているのかと言うと、実はそうでもないのだという。富裕層向けの医療サービスが、お金持ちに思いのほかウケていないことの背景を調べてみると、お金持ちのシビアな金銭感覚を垣間見ることができた。お金持ちはなるべくしてお金持ちになっているのだ。

1人あたりの治療費が億を超えていることも！

お金と医療の話をする前に、まず我々は病院の治療費をどのように支払っているのかを知る必要がある。普段我々は意識しないが、病院での治療には、実はとんでもなく高額な費用がかかっている。たとえば、日本人の死因のトップはがんなのだが、がんで何回も手術を受けたり、抗がん剤の投与を長年続けたりすると、医療費の総額が1人の患者で億を超えることもある。

がんのような大病でなくても、ちょっとした風邪で病院にかかり、注射を打ったりしただけでも実は何万円もかかっているのだ。このため治療費をそのまま患者に請求したら、みな破産してしまう。そこで日本では、全員が医療保険に加入することによって、多くを保険でカバーするようになっている。サラリーマンなら会社の保険に、自営業やフリーランスなら国民健康保険に入っているはずだ（最近は保険料を払わない人も増えてきているが）。病院に自己負担分として支払う治療費は全体のごく一部なのである。

これは国によって違っていて、アメリカでは保険に入るか入らないかは個人の自由だ（2013年10月から、いわゆる「オバマケア」によって一応義務化された）。このため、保険料を払わず大病になったら諦めるという人もいる。筆者も昔アメリカに出張中、高熱を出してやむを得ず医者にかかったことがある。日本の健康保険は使えないので全額を自己負担で支払ったが、問診と解熱剤の処方だけで2万円近く取られた記憶がある（後日、海外旅行用の保険で取り返した）。

話が逸れたが、日本では病院の治療は基本的に、この保険制度を使うことが前提となっている。このため、どのような治療が保険の対象になるのかは厳密に決められていて、医者や患者が勝手に治療法を選択することができないようになっている。つまり、融通は利かないが、全員平等な治療が受けられるシステムということだ。

日本では保険の範囲で治療を受けている限りは、お金持ちでも貧乏人でも大差はないと思ってよい。お金を出せば豪華な個室に入れるぐらいだ。

だが病院によってはこの保険を使わず、全額を患者に請求するシステムを採用しているところもある。「自由診療」と呼ばれるものだ。自由診療であれば、どんな治療を行うかは、医者と患者が自由に決められる。その代わり全額患者が費用を負担することになる。

お金持ちを対象とした病院のほとんどは、この自由診療のシステムを採用している。わかりやすいところでは、歯医者の高級インプラントやセラミック処置などは自由診療である。

自由診療の利点は、薬や治療法の制限がないことだ。お金持ちで自由診療を利用している人はたしかに多い。IT系企業を複数所有する資産家のTさんは、もっぱら自由診療の病院を利用している。日本では認可されていない薬が自由に使えるところがよいという。

「以前は、インフルエンザ治療薬が日本ではほとんど認可されていませんでした。でも自由診療の病院なら、アメリカの治療薬を取り寄せて処方してくれました。1回5万円くらいしますが、インフルエンザで倒れることを考えれば安いものです」

診療も完全予約制で、待たされることもなく快適だそうだ。

だがTさんは、がんなど命に関わる病気の場合には、ふつうに病院を利用するつもりだという。それはなぜだろうか？

自由診療だからといって寿命が延びるわけではない

北関東で開業医を営むある医師に自由診療について尋ねてみた。ちなみに彼は、医師であるとともに、かなりのお金持ちでもある。彼によると、自由診療も万能ではないという。

「本当にお金に糸目をつけなければ、いろいろな治療法が見つかるかもしれません。でも、何億ものお金を治療費にポンと出せる人はそうそういないでしょう。ですので、自由診療といっても、実際に受けることができる治療には限界があるのです」

それに、ものすごく高額な治療法であっても本当に治療実績がよいものであれば、少し時間はかかっても、いずれ保険の対象になり、誰でも使えるようになるという。何億、何十億というお金を治療費に投入できる超大金持ちは別として、ふつうのお金持ちクラスであれば、命がお金で買えるというほどのことはないらしいのだ。

お金持ちは情報収集に貪欲である。先ほど登場してもらった資産家のTさんが、普段は自由診療の医師に診てもらっているにもかかわらず、いざというときにはふつうに病院にかかろうとしているのは、その事実をよく知っているからである。1回5万円で快適な治療を受けられる自由診療はお金を出す価値があるが、結果に大差がない重篤な病気の自由診療には興味がないのだ。

ビジネスクラスには乗るがファーストクラスには絶対乗らないSさん同様、お金持ちは絶対額ではなく、金額とサービスの兼ね合いを極めて重視していることがわかる。

お金持ちに学ぶ見栄の張り方

お金持ちそうに見える人が本当にお金持ちとは限らない。見栄を張ってお金持ちのフリをしている人がいるからだ。だが、お金持ちのフリをしている人もいろいろである。ただの貧乏人なのに嘘をついている人もいれば、お金持ちだったが、浮き沈みが激しい世の中で現在は金欠状態にあり、それを悟られないようにしている人もいる。

世の中は常に動いており、チャンスはいつめぐってくるかわからない。厳しい状況下では、お金がないと悟られないことも、お金持ちになるための重要な秘訣なのである。

お金に困っているという噂が立ったら最後

広告関係の会社を経営しているWさんは、かつて本当の大金持ちだった。設立した会社で取り扱った広告が大当たりし、一時は年収が10億円を超えていた。だが最近は会社の業績が低迷し、運転資金にも事欠くようになっている。Wさんの自宅は高級住宅地に立つコンクリートの３階建てなのだが、会社名義にしているため、会社が倒れてしまうと家も失ってしまう状態だ。だが彼は、見かけの生活スタイルを以前とまったく変えていない。ベントレーに乗り、高級店で食事をしている。本当にお金があった時期を忘れられないのではなく、理由はもっと現実的なものらしい。

「広告業界はある種〝虚業〟なので、人の噂が重要です。あの人は落ちぶれたと噂されたら、それだけで仕事がなくなります。危険なことはわかっていますが、やむを得ません」

たしかに、Ｗさんのもとには彼を慕う業界の人がいつも集まっている。人が集まると情報も集まってくるので、Ｗさんにとっては生活スタイルを変えることは本当に命取りになるのかもしれない。それに、お金持ちらしく振る舞っていると、自然とポジティブな気持ちになってくるのだという。実際、Ｗさんは何とかこの状態を保つことに成功しており、次のチャンスがくるタイミングをじっと待っている。

ダンディ俳優・岡田眞澄の覚悟

俳優の故・岡田眞澄氏は、一時期、経済的にかなり困窮し、日々の生活費にも困る状態だったという。だが、ダンディでゴージャスなイメージの岡田氏が経済的に困窮しているとなると、仕事にも影響する可能性が高く、そのことをひたすら隠していた。

東京・日比谷の日生劇場で行われる舞台に招待されると、岡田氏は家族で出かけた。ボロボロの中古車に乗り、劇場の向かいにある帝国ホテルの地下駐車場に車を停めて、劇場に向かった。わざわざホテルの地下駐車場を利用するのは、ボロボロの中古車に乗っていることを業界関係者に悟られないようにするためだ。

観劇が終わり、劇場で会った顔見知りの業界人とひとしきり会話をする。もし食事などに誘われたら大変だ。食事に行ったり、ましてや人におごったりする金などない。このとき家族と一緒にいることが効果を発揮する。食事に誘われても「今日は家族と帝国ホテルのレストランで食事なので失礼します」と言って誘いを断り、悠々と帝国ホテルに向かう。相手はすっかり帝国ホテルの高級レストランで食事をするものと勘違いする。帝国ホテルに着くとそのまま地下の駐車場に行き、ボロボロの車で目立たないように帰路に就くのだ。

懐が苦しいのに見栄を張るようなマネはしたくない、と思う人も多いかもしれない。だが、高級ブランドや自動車など、お金持ちの「記号」となっているものを身にまとうことで、周囲の対応が変わるという現象は、実際に起こり得るものなのだ。また、岡田氏やWさんは、見栄を張ることでそれをパワーにすることができている。岡田氏がここで挫けていたら、ダンディなイメージのまま一生を終えることはできなかっただろう。

港区のマンションと高級車は今でも有効？

お金持ちの「記号」は、時として政治家も騙すことができる。民主党の国会議員であった故・永田寿康氏が、ホリエモン（堀江貴文氏）を巻き込んだ偽メール問題で辞任した事件を覚えているだろうか？　永田氏は、ガセネタを持ち込んだ会社社長にいとも簡単に騙されてしまったわけだが、その社長を確かな人物と信じてしまった理由は「港区の高級マンションに住み、高級車に乗っているから」というものだった。

当然それだけが判断材料ではなかっただろうが、「港区のマンション」と「高級車」がいまだにステータスになっていることが明らかになったという意味で、ちょっと興味深い事件だった。

もちろん、「いかにもお金持ちです」といった身なりや生活態度に対しては反感を覚える人もいるだろうし、別なプライドを持っている人（たとえば、自分はエリートと思っている人や、家柄がよいと思っている人）には逆効果かもしれない。

ただ、程度の問題はともかくとして、ある程度お金があって余裕そうな雰囲気を漂わせていることには、かなりのプラス効果がありそうだ。古くは「馬子にも衣装」（つまらぬ者でも外見を飾れば立派に見えることのたとえ）ということわざもある。ごくふつうの人でも、ある程度身なりには気を遣い、多少の見栄は張ったほうがよさそうである。

お金持ちは率と絶対値を区別している

当たり前と言えば当たり前かもしれないが、お金持ちで数字に強い人は多い。数字に強い人は、お金持ちになるにあたって有利な立場にある。特に、数字の絶対値と率を区別して考えられる人は、お金持ちへの切符をより簡単に手に入れることができるようだ。

経済は成長している？　衰退している？

以下のような新聞記事があったとしよう。あなたはどのような印象を持つだろうか？

「C国のGDP成長率は年々鈍化し、今年度は2％にとどまった。同国の成長率は5年前の5分の1である」

もしこの記事を見て、C国が衰退し、経済が毎年マイナスになっていると感じるようだと、お金持ちになるのはちょっと難しいかもしれない。

この記事で指摘しているのは成長率であって、GDPの絶対値ではない。成長率は5年前の5分の1になって2%というのだから、5年前には10%の成長率があり、今は2%ということだ。年々成長率が低下しているとはいえ、5年前は10%の成長率があり、最近では2%の成長を実現しているのである。ざっと計算すれば、5年間でGDPが1・4倍近くに増大していることになる。

同じようなマジックに、1000万円の資産が毎年10%ずつ増加することと、毎年100万円ずつ増加することの違いがある。最初の年は同じ100万円の増加なので大差がないように見えるかもしれない。時間が経つと両者には大きな違いが出てくる。前者は7年で資産が約2倍になるのに対して、後者は7年後には1・7倍にしかならないのだ。

このような率と絶対値を使った数字のマジックはあちこちに見られる。お金持ちになるためには、この率と絶対値のマジックに騙されないようにしなければならないのだ。

金利に隠されたマジック

金融商品で提示されている金利は、この手のマジックのオンパレードだ。たとえば、年利1%の半年定期預金があるとする。100万円を預けると、半年後に満期で戻ってくるお金は101万円ではない。1年で1%なので半年では0・5%になり、戻ってくるお金は100万と5000円だ。この違いがわかった人は、率についてよく理解しているといえるだろう。

では、この違いがわかる賢い人は、できるだけ有利な定期預金を探し出すことでお金持ちになれるのだろうか？ 答えはノーである。金利のマジックが理解できても、貯金しか選択肢に入れていない人は、数字の絶対値についてよく理解していない可能性がある。

資産10億円の人にとっては、金利1％の定期預金を選択することは非常に合理的なことである。10億円あれば、銀行に預けるだけで年1000万円の利子がもらえる。これだけあれば余裕で暮らしていけるだろう。しかも銀行預金は安全性が高く、そうそう簡単にはなくならない。10億円の資産を持っている人にとって、大事なのは高い利回りではなく、安全性なのだ。

だが、100万円しか貯金を持っていない人にとって、銀行預金は必ずしも合理的な選択とは言えない。一生懸命有利な金利の定期預金を探して預けたところで、1年で数千円から1万円くらいしかお金は増えないのだ。「チリも積もれば山となる」という格言があるが、それが意味をなすのはチリの絶対量が多いときだけである。ごく少量のチリを積み上げたところで、チリはチリのままでしかない。しかも100万円を失ったところで、もともと100万円ぽっちの貯金である。気持ちの上では大きな金額かもしれないが、絶対値としてはゼロも100万円もほとんど大差はない。

この事実に多くの人が気づいていない。というよりも、気づいていても見て見ぬフリをしている。自分は賢いと思っている人ほど、その傾向が強い。

貯金100万円の人が定期預金を選択することが合理的なのは、今後それ以上の貯金を確保できる見通しがなく、その100万円を何としても死守しなければならないときである。つまりそれは、お金持ちを目指さないということと、ほぼイコールであるといってよい。お金を本気で増やそうと思うなら、常に絶対値と率を区別して考える必要がある。絶対値の少なさという現実を受け入れたとき、ようやくお金持ちへの道はスタートするのだ。

5

お金持ちの行動から学べること

お金持ちになりたければ都心に住め

住む場所とお金持ち度合いには密接な関係がある。お金持ちは、そうでない人と比べて都心など利便性の高いところに住んでいる割合が高い（先祖代々の土地を地方に持っている人などは別）。お金持ちになってから利便性の高いところに住み替えた、と解釈することもできるが、必ずしもそうではないようだ。というのも、筆者が取材したお金持ちの多くが、お金持ちになるための秘訣として、都心に住むことをあげているからである。

電車の読書は時間の有効活用ではなかった

東京を例にとって考えてみると、お金持ちになるためには、郊外よりも都心に住むほうが圧倒的に有利だ。実際、多くのお金持ちが都心に住んでいる。もちろん、お金持ちになってから都心に引っ越した人もいるのだろうが、これからお金持ちになるためにも都心に住むことは大事だと、多くのお金持ちが口を揃える。外資系企業に勤務するH氏は、10

年ほど前から都心のタワーマンションに住んでいる。H氏は言う。

「都心に住んで本当にすべてが変わりました。まず、通勤時間が圧倒的に短縮されます。往復で1時間30分の得ですから、年間では400時間も有効活用できることになります」

H氏は、読書の習慣もまったく変わってしまったと話す。以前は通勤時間には常に読書をしており、自分としては通勤時間を有効活用しているつもりだったという。

「『電車の車内は書斎だ!』なんて言っていましたが、まるで間違いであることに気づきました。今は会社から10分で家に着きます。すると、買う本の量が見る見る減ってきました。つまり今までは、必要のない本まで大量に買い込んでいたわけです。時間に余裕ができると、かえって無駄な時間が非常に気になるようになりました。結果的に、仕事の効率が上昇したのです」

翻訳会社を経営するある資産家は、都心に住み始めたことで、生活面の価値観が大きく変わったそうだ。以前は毎晩のように飲み歩き、タクシー帰りをしていたのだが、今では飲みに行く回数がぐっと減ったという。

「今の住まいは六本木のすぐそばです。不思議なもので、いつでも行けると思うと行かなくなるんですよ」

これらは地方都市でも同じことである。自家用車で移動することが必須となる郊外の住まいと、市の中心部では、時間に対する価値観が大きく変わる。このあたりは、実際に住んでみないと実感できないことも多いのだ。ここで登場した両氏には、会社というビジネス拠点があるのでそれほどでもないが、フリーランスで仕事をする人であれば、都心に住むことはさらに大きなメリットをもたらす。

田舎暮らしでかえって高コストに

筆者がよく知るコンピュータ・プログラマーは、最近会社を退職してフリーに転向した。現在は複数の会社から開発の依頼を受け、かなりの金額を稼いでいる。彼は会社勤めの頃に住んでいた郊外の家を引き払い、現在は都心のマンションに住んでいる。彼は都心に住むことの利点をこう強調する。

「いくらプログラミングといっても顧客との直接的なコミュニケーションは必要です。郊外に住んでいたら、結局、都心にもオフィスを借りてしまい、二重出費になるところでした。それにホテルやコピーサービスなど、ほとんどのビジネスインフラが徒歩圏内にあります。郵便を出すにも、宅配便に集配してもらうにも、都心の利便性は突出しています」

同じ時期に田舎暮らしを選択した友人のプログラマーも、東京に戻ってきたという。重要な顧客とのミーティングや今後の仕事を確保するためのプレゼンが必要となり、夜中に自宅を車で出て、朝、東京に着いてそのままミーティング。その後、深夜に自宅に戻る、というパターンが続いた。結局、疲労が溜まり、ガソリン代も馬鹿にならず、田舎暮らしどころではなくなってしまったのだという。

ネット社会の到来で物理的な距離が関係なくなると思われたが、実際はそうではなかった。事務的な連絡がネットで済ませられるようになったことで、逆に距離が近くないと、より密な人間関係を構築できなくなってしまったのである。世界的なＩＴの拠点であるシリコンバレーでは、狭い地域に多くの会社が集約し、顔を合わせられることが、いまだに大きな意味を持っている。米ヤフーは業績不振もあり、とうとう在宅勤務を禁止してしまった。ネット社会だからこそ、場所が重要なのである。

「都心に住んでいる人というのは、お金があるから都心に住めるのだろう」と思う人もいるだろう。だがお金持ちに言わせれば、これからお金持ちになろうという人こそ都心に住むべきだという。時間やお金の制約があるときこそ、多少の出費は覚悟して、すべての余力を仕事に注ぐことが重要なのである。結果的に、これがお金持ちへの早道となる。

お金持ちになる友達の作り方

お金持ちになるためには、友達選びは重要である。友達の選別を間違うと、お金持ちになれないどころか、貧乏スパイラルにも陥りかねない。3章では「お金持ちには友達がいない（少ない）」と書いたが、お金持ちになる人は実際、どのような友達を持っているのだろうか？

なぜ友達を持つのか？

あなたは何のために友達を持つのか？　こう聞かれると、案外返答に困ってしまうかもしれない。なぜ友達を作るのかなど、ふつうの人は考えない。だがお金持ちになれる人は、このあたりについても合理的に判断している。

お金持ちになれる人は、なんとなく友達と付き合う、ということはしない。自分をより高めることを目的として友達を持つ。自分を高めることができる友達となると、基本的には自分よりも立場が上の人、あるいは、同レベルであっても自分にはない能力やスキルを持っている人ということになる。

たとえば食事をしたりお茶を飲んだり、同じ1時間を共にするにしても、自分にとって刺激になる人とそうでない人とでは、後々大きな差となって表れる。自分よりも能力が高く、実績を上げている人は、自分にはない考え方や価値観を持っている可能性が高い。これをうまく自分のものにすることができれば、自身の成長につながるのである。同じような思考回路のままでは、成長は望めない。

ある中小企業に勤めるCさんは、最近そのことを痛感する体験をした。Cさんの会社はオーナー社長のワンマン体制で、社員は安い給料でコキ使われている。同じサラリーマンをしている仲間と飲みに行ったとき、Cさんがこの話をすると、皆はそれに共感し、自分たちサラリーマンがいかに大変かを語り合ったそうだ。

だが、会社を経営しているKさんと飲みに行って同じ話をすると、反応がまるで違った。Kさんはまず「その社長は優秀だ」と言った。社長の立場で考えれば、社員を生かさず殺さず使い倒すのがベストであり、その社長はうまくやっているという。社員に優しい会社は経営が傾くリスクが高い、とも付け加えた。

Cさんはちょっと反発を覚えたが、今まで自分が考えたこともなかった視点にハッとさせられた。「社員を生かさず殺さず使い倒す」のが有能などという考え方は、自分に近い人種とだけ付き合っていては決して得られないものであった。

共感からは何も生まれない

この出来事があって以来、Cさんは仕事で悩んだときに、「もし自分が社長だったらどうするか?」を考えるようになった。Cさんは一段階上のステップに上がったのである。最悪なのは、同じレベルの者同士で慰め合うパターンである。互いの愚痴を言い合う行為には、「自分たちはがんばっているよね!」と共感し合いたい、という心理が背景にある。たしかに「共感」は人間にとって心地よいものであり、ストレスの解消にはなるかもしれない。だが「共感」から新しい考えが生まれてきたり、チャレンジ精神が湧き出てくるようなことは、ほとんどないのが現実なのだ。

自分よりもレベルが高い人、自分にはないものを持っている人を友達にするとなると、該当者はかなり少なくなるはずだ。お金持ちになる人は、このような結果として、付き合う友達の数が減ってくることになる。

「1日24時間は誰にでも平等」の嘘

時間は万人に平等と言われている。資産家でも貧乏人でも1日は24時間であり、両者に違いはない。だが、この話は必ずしも真実ではない。場合によっては、時間も平等ではないのである。このことをお金持ちはよく理解している。

10万円のお金の値段は1万円？

クレジットカードでキャッシングをすると、カード会社によって幅があるが、5〜15%くらいの利子を取られる。「利子」という言葉になっているが、（利子が5%だとすると）10万円分のお金の「利用料」として年間5000円払っているのと同じだ。つまり、10万円のお金についている時間（1年）の値段は5000円なのだ。

10万円のお金に5000円の値段。あまりピンとこないかもしれないが、お金持ちには、このあたりの感覚がずば抜けている人が多い。10万円を人に貸せば、理屈上、利用料として年間5000円をもらうことができる。人に貸さなくても、不動産を購入してそれを人に貸してもよいし、株式など事業に投資してもよい。もし5%の利息や配当が付くなら、10万円は5000円を生み出すのだ。もし10万円を何もせず放置しておけば、5000円損したことになってしまう。

10万円、20万円というレベルなら大したことはないが、これが1億円、10億円となると話が違ってくる。10億円に5%の配当が付けば、年間5000万円である。10億円あれば、黙っていても年収5000万円である。逆に10億円持っている人が何もしなければ、年間5000万円の損失だ。

お金を借りる側から見たらどうなるだろうか？ 10万円をローン会社から1年間借りると、利子10%なら1万円を支払わなければならない。どうしても借りることばかりに目がいってしまうが、これは、自分が1万円を出してローン会社から時間を買っているのだ。

このように、世の中にはせっせとお金を出して時間を買っている人、お金をもらって時間を売っている人がいる。1日24時間は皆に平等というのは本当なのだが、実際には、その時間が売り買いされており、時間を上手に切り売りした人は大儲けできているのだ。

時間のすべてを金額換算してお金持ちに

「この感覚を持っているかいないかが、お金持ちになれるかなれないかの決定的な違いになります。お金持ちになりたいなら、時間の値段は常に意識すべきです」

こう力説するのは、関西で中古車の輸出業などを手がけるB氏だ。若い頃までは貧乏だったそうだが、事業を興して今では東南アジアに別荘を持つまでになった。

「昔はお金が足りなくなると、すぐ消費者金融に行ったり、キャッシングをしたりしていました。でもよく考えると、私に10万円を貸した人は、それだけで年間1万円の儲けです。つまり、年間1万円の時間を、私はわざわざローン会社から買っただけだったのです」

このことに気づいて以降、何か欲しいものやしたいことが出てきたときには、それに支払う時間の値段が、欲しいものに見合うかを常に考えるようになったという。

「家でゴロ寝してテレビを見るという行為が、その値段にふさわしいのかを考えるのです。当時の私は時給700円のアルバイトでしたから、『1時間テレビを見るのに700円払えるか？』と考えたわけです」

M氏はこれをきっかけに猛烈に働き始め、わずか10年でお金持ちになった。

お金持ちの子供は、お金持ちになりやすい体質を持っている

お金持ちの子供は、お金持ちになりやすい体質を持っている。これは、相続で資産を引き継ぐという意味ではない。お金持ちの家に生まれ育つと、親から財産を引き継がなくても、事業や投資で大きな資産を作ることができる確率が高くなるのだ。統計的に証明されているわけではないが、筆者がインタビューしたお金持ちの事例を見ると、そう実感できる。おそらく、お金持ちの家に生まれ育つことによって、自然とお金持ちになるための立ち居振る舞いや思考が身につくものと考えられる。

父と息子のシビアな関係

では、お金持ちの家は、ふつうの家とどう違うのだろうか?

お金持ちの家の親子関係は、ふつうの家とはかなり違う。いい意味でも悪い意味でも、

親子関係がドライだ。K氏は、地方の中堅企業を経営している。K氏の父親もまた中堅企業のオーナー社長だった。K氏と父親は、一族が所有する同じ敷地にオフィスを構えているが、K氏は父親の会社をそのまま引き継ぐことはせず、違う分野で会社を設立して現在に至っている。

あるコンサルティングの依頼を受けて、K氏の質素なオフィスを訪ねたときのことだ。K氏と筆者が玄関からオフィスに入ろうとしたときに、偶然K氏の父親と出くわした。名刺交換をすると、「後で私のオフィスにも来て、世間話でもしよう」と誘われた。K氏とともに父親のオフィスを訪ねるときに、K氏は筆者にこう言った。

「社長（父親のこと）の前では気を抜かないでください。切れ者のコンサルタントだという印象を崩さないようにしてほしいんです」

K氏にとって、もっともなめられたくない相手は父親なのだ。現在、K氏は結婚して父親とは別の家に住んでいるが、実家で同居しているときも、父親は「社長」であって「お父さん」ではなかったという。その日の仕事が終わり、近くの飲み屋でK氏と酒を酌み交わしたが、K氏は「父親には絶対負けたくない」と淡々と語った。

生まれながらにして経営者

ＩＴ系企業のあるオーナー氏は、息子を自分の会社に入社させた。息子は、入社数年で一気に事業責任者に昇格した。傍から見れば、典型的な親族の特別扱いである。だが、オーナー氏によれば、息子だからと特別扱いしたことは一切ないという。息子は本当に仕事ができるので、昇進は本人の実力だったそうだ。

この話題を当の本人（息子）に振ると、彼は「どうすれば親父が喜ぶかを俺はよくわかっている。親父が喜ぶプランを一生懸命に提案しただけだよ」と事もなげにいった。彼は幼い頃から、社長である父親とその部下のやり取りを間近で見ている。どのようなタイプの社員が出世しやすいのか、彼は完全に把握していたのだ。

彼によれば、社長である父親が喜ぶのは、経営者の視点を持った提案だという。父親は、指示待ちタイプの優等生社員はあまり好まない。「自分は○○の事業を展開して、会社に○億円の利益をもたらしたい。実現したら、自分はその中から○○円の報酬が欲しい」というような、ガッツのあるタイプがお気に入りなのだという。彼はそれをそのまま実行して、社長（父親）に評価されたというわけだ。

会社の今後の経営全般のことを考えると、社長の息子に対する処遇には、いろいろと問題はあるかもしれない。だが、息子はふつうのビジネスマンが10年、20年かけて養っていかなければならない経営者的な視点を、すでに身につけている。全国の大名を前に「余は生まれながらにして将軍である」と言い放ったのは3代将軍・徳川家光だが、彼はまさに生まれながらにして経営者だったのである。

使う側の目線を持っている

Y君は、ある地方都市の資産家の息子である。現在大学生だが、マインドは完全にお金持ちだ。彼は今後、父親の資産（主に不動産）を活用した土地開発をしたいと考えている。だが、自分の力で勝負しようとは思っていない。彼の頭の中にあるのは「Ｗｈｏ」という言葉だ。筆者に対しても「ジムなどのスポーツ施設の分野で詳しい人を知りませんか？」「ショッピングモールのことについて詳しい人を知りませんか？」という質問ばかりだ。

自分ができる範囲には限界がある。Y君は、自分はあくまで投資家であり、オペレーションは誰か詳しい人に任せればよいと最初から考えている。Y君のこうした思考回路は、筆者にとってちょっとした驚きであった。ふつうの人は、働いて給料をもらうことが当たり前と思っている。働いて給料をもらう世界では、自分には何ができるかという視点がすべてになる。自然と、目線は使われる側になってしまう。

だがお金持ちになるためには、使う側の目線を持つことが重要だ。「働いて給料をいただく」という立場でものを考えていると、自分は何ができるかばかり考えてしまう。Y君は、その壁をいとも簡単に乗り越えている。彼は最初から使われる側ではなく、使う側の人間なのだ。

もちろん、このことには功罪両面がある。自分がよくわからない分野だからといって人に任せきりにして失敗した例は数限りない。だが「自分ができること」だけにこだわっていると、幅広い展開はできないのも事実だ。少なくともお金持ちの家に生まれた人は、他人を「使う」ことの意味を、最初から身に付けていることが多いのだ。

勉強ができるとお金持ちになれない、という「噂」を検証してみる

学校の勉強ができたからといって、その人がお金持ちになれるとは限らない。実際、学歴がなくてもお金持ちになった人は多い。だがお金持ちになった人で、頭の悪い人はいない。お金持ちになるためには、どんな能力が必要なのだろうか？

お金持ちは複合処理が得意

学歴と仕事の関係はいろいろと研究されている。一般に、仕事のできる・できないと学歴との間には緩い相関が認められるという。つまり、仕事ができる人は勉強もできることが多いが、勉強ができたからといって必ずしも仕事ができるわけではない、ということだ。

お金持ちになるためには、やはり頭の良さは必要とされるが、その頭の良さは学校の勉強だけでは測れない。お金持ちになった人を見てみると、複合的な処理を得意とする人が

多い。お金持ちになるためには、様々な案件について同時並行的に処理しなければならない。新しいビジネスを興すためには、アイデアを持っているだけではダメで、それを具体化する行動力、お金に変える営業力、人を巻き込む説得力など、様々な要素が絡んでくる。投資も同様で、いろいろな知識を複合的に生かさなければならない。いくつもの課題を同時並行で処理できる人が、お金儲けには向いている。その意味で、ひとつの課題を黙々とこなしていい成績を取ってきたようなタイプの人には、お金持ちへの道は向いていないかもしれない。

学校の勉強だけでは前例がないパターンに対応できない

もうひとつ、お金持ちに特徴的なのは、答えのない問いを解決する能力が高い、という点である。お金が儲かる仕組みを考えたとしても、それがうまく機能しないことは多い。そのとき、何が問題で、どう解決したらよいのかという問いには、多くの場合、前例がない。そもそもの前提条件が間違っているのか、細かいやり方にミスがあるのか、皆目見当がつかないのである。

また、現実的な時間や資金の制約から、すべての要素を列挙してつぶしていくことも不可能である。ある部分は勘を働かせ、ある部分は力技で問題を処理するという、メリハリの効いた対応が必要となる。

学校での勉強はすべて答えが決まっていて、解き方にも一定のパターンがある。この環境でいい成績を取っていても、答えがない状態に放り込まれた途端にパニックを起こしてしまう人は少なくない。学校の成績が必ずしもお金持ちに結びつかないのは、こういった理由も大きいと考えられる。結局のところ、お金持ちになるために必要な能力というものは、複数の課題を同時に処理し、明確な答えがない状態でもある程度の見込みをつけて推論ができる力、といったところだろうか。

だが残念ながら、この能力の有無を簡単に診断するためのテストのようなものは存在していない。「競争力をつけるためには競争するしかない」という名言があるが、お金儲けの世界に飛び込んでみないと、最終的に能力があるのかどうかはわからないのだ。先ほどの名言を借りれば「お金を儲ける能力を身につけるには、お金儲けをするしかない」のだ。

人を妬むと、人と違うことができなくなる

お金を儲ける力を身につけるにあたって、もっとも邪魔になるものは、妬み・嫉みの感情である。お金持ちの子供がお金持ちになりやすいのは、この感情が少ないことと大きく関係している可能性がある。

では、他人を妬む感情は何が問題なのだろうか？　もちろん道徳的な視点で「人を妬んではいけない」などと言っているわけではない。妬みの感情は自分が持っているチャンス

を大幅に狭めてしまう。これが最大の問題なのである。

お金持ちになるためには、人と違うことにチャレンジする必要がある。うまくいくとわかっていて誰にでもできるようなことなど、ふつうは存在しない。仮に存在していたとしても、皆が争って実行するので、そのチャンスはすぐに消えてなくなってしまうはずだ。金融工学の世界では、このようなことを「裁定取引」と呼ぶのだが、通常、裁定取引ができるチャンスはほぼ一瞬で消えてなくなってしまう。投資で勝つためには、人がやらないことに果敢に挑むしか方法がないのである。これは事業であっても投資であっても同じだ。

このときに妬みの感情が大きいと、「人と違うこと」ができにくくなるのである。

人を妬むということは、妬む相手と同じ土俵に立っていることを意味している。それは、与えられた競争のルールを無意識に受け入れてしまっているということなのだ。たとえば、会社で自分より早く昇進した同僚を妬んでいると仮定しよう。相手の昇進を妬んでいるということは、自分も同じように昇進したいということの裏返しでもある。昇進のルールは会社が作ったものであり、自分が作ったものではない。この時点ですでに、その人は会社に使われている。

お金持ちになるためには、これではダメだ。相手が課長に昇進したのなら、自分は会社を作って一気に社長になってしまおう、と考えなければならない。最初のルールを根本的にひっくり返してしまうのである。人に対する妬みが大きいと、このようなところに考えが及ばない。とにかく目先のこと、昇進した相手をどう見返すかばかり考えてしまう。結果として狭い社会から抜け出せず、貧乏なままで終わる。

負けず嫌いの人も危険信号

これは、いわゆる負けず嫌いの人にも当てはまる問題である。小学生や中学生のときのマラソンを思い出してみてほしい。「こんなの適当にやろうぜ」などと言っていたはずなのに、実際にやり始めると目の色を変えてムキになって一番を目指す、という人がいなかっただろうか？

負けず嫌いの人は、常に他人の誰かを意識している。他人に勝つことが重要なのである。このタイプの人は、勉強やスポーツあるいはサラリーマン生活など、競争相手が最初から決まっていて、ゲームのルールもあらかじめ与えられているような世界では、非常によい結果を残す。だが、お金持ちを目指す世界はそうとは限らない。競争のルールや競争相手は、自分で作り出さなければならないからだ。野球でヒットを打ったら三塁に向かって走り、「俺は三塁打を打った！」と言い放つような人でないとダメなのだ。

実際お金持ちになった人の多くが、既存のルールを無視したり、ルールを自分で変えたりしている。勉強やスポーツなど学校で教えられることが必ずしもお金儲けに役立たないのだとすると、理由はこのあたりにありそうである。学校の勉強がいいとか悪いとかいう話ではなく、与えられたルールを無条件で絶対視する思考回路が問題なのである。

割り勘男がお金持ちになれない理由

「初デートで割り勘はＯＫか？」というのはよく議論になるテーマだ。男女平等の世の中だし、いろいろな付き合い方があってよいので、一概に割り勘がダメとは言わない。ただ、お金持ちになるという観点からすると、いわゆる「割り勘君」には厳しい評価が下される。お金持ちの多くが、割り勘にこだわっているとお金持ちにはなれないと述べているからだ。

お金持ちで食事の場を重視する人は多い。そして、ほとんどが割り勘ではなく、自分で全部払う。お金持ちにしてみれば、食事の場は投資である。自分にとってメリットがあり、気持ちよく全額出せるような相手でなければ、そもそも食事になど行かないのだ。

初デートで割り勘を持ち出すのは非合理的

では、初デートのときに割り勘にする人は、なぜお金持ちになれないのだろうか？　それは単純に、経済合理性に反しているからだ。デートの相手を投資にたとえるのはちょっと不謹慎だが、それでも男性の側からすれば、付き合いたいと本気で思うからこそデートに誘うのであって、それは絶対に失敗できない投資である。そのときに割り勘にするのは非合理的なのである。

理由はこうである。世の中には冒頭に書いたような割り勘論争というものがあって、どちらが正しいのかはともかく、「初デートで割り勘はNG」という考えが一部に存在していることは誰もが知っている事実である。つまり、初デートで割り勘を持ち出せば、何パーセントかの確率で相手に嫌われることが予見できているのである。

一方、初デートで男性に「僕が払うよ」と言われて、「ふざけるな！」と怒る女性はほとんどいないはずだ。男性に全額負担させるのは気が引けると思っているなら、「悪いから少しはわたしが出すわ」と言うはずだ。そのような相手であれば、最初に「僕が払うよ」と言ってみたところでマイナスにはならない。

つまりこれは、割り勘を持ち出した場合にはババ（ジョーカー）を引く可能性が一定数あり、割り勘を持ち出さなければ失敗する確率はほぼゼロ、というゲームなのだ。合理的に考えるならば、とりあえず「僕が払う」と言ったほうがよいに決まっている。

お金に執着しすぎるとお金持ちになれないという皮肉

では「割り勘君」は、絶対に失敗したくない重要な投資ゲームにおいて、なぜわざわざ一定割合でババを引くような選択をするのだろうか？　それは、「何が何でも割り勘にすべき」と思っているからだ。そして、この「〜べき」はお金持ち志望者にとって危険な落とし穴なのだ。

筆者も個人的には、年齢や立場の近いカップルであれば、割り勘にするほうがよいと思っている。だがそれは、初デートがうまくいって、ちゃんと付き合うようになれば、いくらでも話し合えることだ。初デートがうまくいけば、その後は何回も会うことになるわけだから、たった1回の初デートが男性持ちだったからといって問題はあるまい。だが割り勘君は、実質的な問題ではなく、形式的にも常に「割り勘」の形態でなければダメなのだ。「割り勘原理主義」とでも呼べばよいだろうか。このタイプの人は、仕事でも同じことになっている可能性が高い。

仕事の進め方というのは、あくまで目標を達成するための手段だ。目標を達成できるのであれば、ある意味、進め方は柔軟に考えればよい。だが、どのように仕事を進めるかにばかりこだわっていると、何のために仕事をするのかという最終目標を見失い、本末転倒になりかねない。これは、お金持ちを目指す人にとって最悪のパターンだ。

ところで、割り勘君はなぜそこまで割り勘にこだわるのだろうか？　心理カウンセラーによると、こういった人の心理的背景には、実はお金に対する執着があるのだという。割り勘君には、もし相手とうまくいかなくなったら、自分が出したお金がもったいない、という心理が強く働いている。しかも「損したくない」という心理をお化粧するために、男女は平等だから割り勘にすべきだ、という「べき論」をわざわざ持ち出す。

投資とは、将来の利益のために、損するかもしれないというリスクを覚悟で、今お金を投じることである。お金とは不思議なもので、お金に対して執着がありすぎるとお金持ちになれないのだ。初デートが投資ならば、割り勘君はお金に執着しすぎていて、損するかもしれないというリスクを取ることができないのだ。たしかにこれでは、投資がうまくいくはずはない。割り勘君がお金持ちになる確率が低いというのは、うなずける話だ。

人に興味がある人とモノに興味がある人

人間の興味関心は実に様々である。同じテーマに興味がある場合でも、その興味の持ち方は人によって異なっている。興味や関心の持ち方は、人の行動パターンに大きな影響を与える。つまり、興味の持ち方とお金持ちのなりやすさには密接な関係があるのだ。

人が好きか、人が作り出したモノや仕組みが好きか

興味の持ち方について分類する際に、人とモノで区分する方法がある。要するに、人物に対して興味を持つ人なのか、モノや仕組みに対して興味を持つ人なのかという違いである。たとえば、楽天という会社に興味があると仮定しよう。人物に対して興味がある人は、まず創業者である三木谷浩史氏がどのような人物なのかに関心が集中する。いい人なのか悪い人なのか、どんな雰囲気の人なのかといった情報は、人物に興味のある人にとって極めて重要なことである。

一方、モノや仕組みに対して興味がある人は、三木谷氏そのものではなく、三木谷氏が作り出した楽天というビジネスモデルや楽天という会社の仕組み、戦略などに興味を持つ。極端なことを言うと、三木谷氏の人物像はどうでもよい。人物に対して興味を持つとすれば、本人の性格がビジネスモデルにどう影響したかなどを知りたい場合に限られ、あくまでモノや仕組みの延長線上でしかない。

世の中は、人物に対して興味を持つ人のほうが多い。ライブドア事件のときも、世間の関心のほとんどは、ホリエモンがいい人なのか悪い人なのかということに向いており、ホリエモンが編み出した錬金術やライブドアという会社ではなかった。結局のところ、ライブドアがどんな会社だったのかはよくわからずじまいだ。

モノに興味があるほうがお金儲けには有利

しかし、お金持ちになるという観点からいうと、モノや仕組みに関心のある人のほうが有利だ。人物に対する興味は、一種の恋愛感情である。恋愛といっても異性間とは限らない。男性が男性に、女性が女性に、というパターンでもよいのだ。とにかく最終的には「好き」か「嫌い」かが重要となる。好きであれば、どんなに自分にとって損でもお構いなしになるし、嫌いであれば、どんなに得でも拒絶してしまう。

これに対して、モノや仕組みに対する興味は、恋愛とは反対に、一種の相対化である。

対象から一定の距離を置いて、冷静に対象物を見ることになる。モノに対して興味を持つ人がお金持ちになりやすいのは、仕組みに対する関心が高いからである。ただがむしゃらに働くだけでは、お金持ちになることはできない。お金持ちになるための最短コースは、やはりお金を儲けるための仕組みを作り出すことである。

モノに対して興味がある人は、お金儲けのための仕組みにも興味関心を示すことが多い。好きこそものの上手なれとよく言うが、お金持ちになるための「仕組み」そのものに関心が高いことは、それだけでも大きなアドバンテージなのである。

もし仕組みに対して興味があるとすると、今度は仕組みの普遍化に関心が向く。お金儲けの仕組みを普遍化して理解できるようになれば、しめたものである。今度は別の事業や投資にも応用が利くようになり、お金儲けのサイクルが出来上がってくる。

恋愛感情が有効なことも

もっとも、人物に対して興味がある人も不利なことばかりではない。人物に対して興味関心のある人は、お金持ちになるきっかけを作りやすいという利点がある。どんな世界であれ、その世界で影響力のある誰かに目をかけられることは、飛躍の大きなきっかけとなる。多くのお金持ちが、自分を引き上げてくれた恩人を持っているのだ。

人物に対して興味関心が高い人は、この人だと思った相手には、無邪気に飛び込んで教えを請うことができる。一旦、子弟関係になってしまえば、師匠は損得関係なしにテクニックやノウハウを伝授してくれるだろう。師事するほうも一種の恋愛感情を持っているわけだから、何の苦痛もなく修行ができるというわけだ。要はバランスである。

自分の興味関心はどちらの割合が高いかは、自分で分析ができるはずである。人物に興味が偏っている人は、できるだけ冷静になり、仕組みや構造について深く考えるよう心がけたほうがよい。一方、モノや仕組みに関心が強すぎる人は、少し恋愛的な感情をビジネスに持ち込んでもよいかもしれない。

III

お金持ちになるために行動する

6

どうすれば
お金持ちになれるのか？

いつもお金の話をすることの有効性

ただ黙って座っているだけではお金持ちにはなれない。お金持ちになるためには、できるだけ多くのチャンスに触れておく必要がある。そのためには、いつもお金の話をすることが重要だ。お金持ちになった人の多くが、お金に関する話題を積極的に取り上げ、チャンスに結びつけている。お金持ちを目指す人にとっては大いに参考になる話だ。

お金の話で嫌な顔をする人には感謝しよう

日本ではお金に対する嫌悪感が強く（実は、お金に執着心があることの裏返しなのだが）、お金に関する話題を切り出すことがためらわれる雰囲気がある。だが、そんなことを言っていてはチャンスを摑むことは難しいだろう。ビジネスチャンスや投資チャンスの話を耳にしたとしても、本当にお金に結びつくケースは20回に1回くらいしかない。つまり、数少ないチャンスをものにするためには、とにかくできるだけ多くの話に触れておくことが重要なのである。

20回に1回というのは、適当な数字ではない。筆者がお金持ちになった人にインタビューしたなかで、何回くらい試行錯誤するとうまくいくプロジェクトを見つけられるか、という質問に対する平均的な回答なのである。少なくとも5回や10回チャレンジした程度ではうまくいかないというのは常識であり、とにかく数を打ってみることが重要なのだ。

お金に関する話題に多く触れるためのコツは簡単である。自分がお金の話ばかりすればよいのだ。もし相手がお金儲けに興味があったり、何かのネタを持っている場合には、すぐに心を開いていろいろと話をしてくるだろう。相手がそれに食いついてこなければ、お金儲けに関するネタを持っていないか、あっても絶対に他人には話すことのない人である。相手がどちらであっても、それはどうでもよい。お金儲けに関する話をする気がない人は、どのみちあなたにとって有益な人ではないのだ。

ところで、お金儲けの話ばかりしていると嫌な顔をされることもある。あまりいい気分ではないかもしれないが、それに対しては割り切りが必要だ。お金儲けの話を嫌悪する人のほとんどは、お金を持っていない。したがって、お金儲けをしようと思っているあなたには何のメリットももたらさない人物である可能性が高い。

このようにして積極的にお金の話をすることで、お金に縁のない人を排除し、お金に関係のある人だけを選別することができる。お金に対して露骨に嫌な顔をする人には、むしろ感謝すべきなのだ。お金儲けに関するよい情報を持っているかどうかを見極めるために、余分な時間を使わなくて済む。

他人の儲け話の真偽を確認する方法

一方で、お金の話ばかりしていることの弊害もある。お金が大好きな人が皆、お金儲けがうまいとは限らない。タチの悪いネットワークビジネスなどにハマっていて、商品を売りつけたいという人もいるかもしれない。このような人からはうまく逃げなければならない。また、なかには一種の妄想癖というか、自分がいかに儲かったかという怪しい話を延々と人にしゃべる人もいる。本来、他人が儲けた話は格好の情報源なので、根掘り葉掘り聞く価値はあるのだが、話そのものが嘘では意味がない。

他人の儲け話の真偽を確かめることは、それほど難しいことではない。まず、本当に儲けている場合は、包み隠さず正直にしゃべることが多い。自分からは詳細を明かさなくても、こちらから質問すると案外気軽に答えてくれたりする。内容が詳しくて具体的な場合には、その情報は信用してよいだろう。こういった場合には、多少失礼でも詳しく話を聞いたほうがよい。相手が話してくれている状態なら、詳しく聞いてもそれほど失礼にはあたらないことがほとんどだ。

儲けた話は積極的にするのに、肝心の部分を明かさない人は、実際にはそれほど儲かっていない可能性が高い。全体像がそもそもはっきりしないような場合には、実際に儲かっている可能性もあるが、ガセの可能性もあり判断が難しい。

だがこのようなケースでは、仮に話が本当だったとしても、本人が情報を出す気がない可能性が高く、結果は同じだ。せっかくお金の話を積極的にしても、自分にとって意味のない人とばかり会っていては時間の無駄である。

お金の話を積極的にすることがチャンスを得る最初のステップなのだとすると、お金の話に食いついてきた人のなかから自分にメリットのある人をスクリーニングするのが次のステップである。場数を踏んでいけば、より効率よくスクリーニングすることができるようになる。

お金持ちになりたいなら、安心ではなく安全を望め

最近日本では「安心・安全」というキーワードが氾濫している。東日本大震災以降、その傾向がさらに顕著になっている。だがこのキーワード、なかなか物事の本質を突いている。このキーワードがどのように心の琴線に触れるかで、お金持ちになりやすいかどうかがわかるのだ。

なぜ「安心」が必要なのか

そもそも「安心・安全」という言葉はおかしい。安全であれば安心なはずだ。安全は安心を担保するが、安心は安全を担保するわけではない。だが最近の日本では、商品やサービスについて「安全」とは言わず、わざわざ「安心・安全」と説明している。

このキーワードの氾濫には2つの背景があると考えられる。ひとつは、商品やサービス

の提供者側が持っている不安や後ろめたさである。「安全」であることを完全にコミットしてしまうと、もし本当に安全ではなかった場合に責任を取らされるのではないか、という不安が生じる。結果的に「安心」という、よりあいまいな表現を強調することになる。

もうひとつは、商品・サービスの購入者側に、物理的な安全よりも精神的な安心のほうを強く望む心理が働いていることだ。東日本大震災やそれに伴う原発事故でより明確になったが、日本人の多くは、実際に安全かどうかよりも、当局など、より権威のある人に「大丈夫ですよ」と言ってもらいたい、という依存心理が強く働いているようである。

このようなメンタルの弱さは、国民国家全体として考えると非常に憂慮すべきことなのかもしれないが、個人レベルで考えると大きなビジネスチャンスである。

安心を求める人が多いと、大きなチャンスが生まれる

安全よりも安心を望む人が多いと、リスクが過大に評価され、機会が過小評価される傾向が強くなってくる。本当は安全なのに、「安心ですよ」というお墨付きがないばかりに誰も手を出さない、という機会損失があちこちに存在している可能性があるのだ。特に投資の世界では、多くの人がパニックを起こしているときには、信じられないような投資チャンスがゴロゴロと転がっている。

2003年に金融危機が起こりそうになった際、メガバンクの株価が50円を下回るケー

スが出た。その後、信用不安が治まると株価は簡単に5倍から10倍に跳ね上がった。2003年に投資していれば、それだけで大金を手にできたわけである。

銀座のある画廊のオーナーは、紙くず同然の銀行株を見て「メガバンクがこのままつぶれてしまうようなら日本はおしまいだ。もしそうなったら、かえって諦めがつく」と考えた。手持ちの資金をすべてみずほ銀行に投資し、半年で100億円の資産を作ったと言われている。

リーマンショックも同様であった。株価急落が市場心理を不安なものにし、健全で優良な企業の株まで売り叩かれた。リーマンショック後にふつうに投資していれば、誰でも大金持ちになれた。

これとは逆に、安心が重視されるということは、大して安全でなくても安心させる仕組みさえあれば、割高な料金で商品やサービスを購入する人が多いことを示している。実際日本では、品質が悪くても「有名な○○社が採用している」「提供している会社が大企業だ」といった理由で採用される商品やサービスが実に多い。これは購買する側が「安心」を買うためであれば、かなりの無駄遣いも許容するということである。

新しい商品やサービスで成功しているものの多くは、顧客に安心を与えることができている。だがそれは、必ずしも安全を担保しているものではない。

もっとも安全なビジネスとは？

要するに、お金を使う側であれば、「安心」のお墨付きがないばかりに激安で放置されているものを購入すればよい。お金を稼ぐ側であれば、割安のものに「安心」を担保することで高い利益を乗せて販売すればよいわけだ。

あなたは「安心・安全」というキーワードを聞いたときに、安心と安全のどちらに強い関心を寄せるだろうか？「安心」を求めてしまう人は、「安心プレミアム」のついた高い商品やサービスを購入し、可処分所得を減らしてしまう可能性がある。さらに「安心プレミアム」の仕組みが理解できないので、お金を稼ぐ側にもなれない。結果としてお金持ちにはなれない、という悪循環にはまってしまう可能性が高い。

事業や投資という大きな話でなくても、保険、自動車、食品など、身の回りには安心をうたう商品やサービスが氾濫している。本当にその「安心」は必要なのか、もう一度確認してみたほうがよいだろう。

もし「安全」というキーワードに強く惹かれるようであれば、お金を稼ぐ側に回れる可能性が高い。顧客には安心をうたい、安心プレミアムのついた高い商品を販売することが、もっとも安全なビジネスなのである。

お金持ちになるには権威に逆らうことも必要

ふつうの人と同じように常識的で大人しいことばかりやっていては、そうそうお金持ちにはなれない。そのせいか、お金持ちになる人のなかには、権威に対して猛反発するタイプも多い。少々リスキーではあるのだが、強い人や権威のある人に反発するというマインドは、お金持ちになるために重要なことであるようだ。

ジョージ・ソロスは国家と戦争して大儲け

世界的な超大富豪である投資家のジョージ・ソロス氏は、通貨当局に金融戦争を仕掛けて大儲けしてきた。国家権力との争いになると、合法か違法かなどといった問題は関係なくなってしまう。国家はその気になれば何だってできる。ソロス氏は勝ったからよいようなものの、下手をすると逮捕されて刑務所行きだ。

一説には、彼の国家への敵対姿勢の背景には、既存の経済学に対する心理的反発があると言われている。自説が正しいことを通貨戦争で証明する、というわけである。

ソロス氏に比べれば少々スケールは小さいが、ホリエモンや村上ファンドの村上世彰氏も同様だ。彼らについて「罪がある」「いや無罪だ」という議論はナンセンスなのだ。公務員にとっては、安定した身分と年金と今の立場がすべて。これが侵されると判断すれば、彼らはどんなことでもする。

アップルの元経営者で最近亡くなったスティーブ・ジョブズ氏は、巷では立派ですばらしい人ということになっているようだが、もともとは反体制のヒッピーで、ヤクもガンガンやっていた人だ。そして彼の最初のビジネスは、電話を不正にタダで利用できるマシンの開発・販売である。

ベジタリアンだった彼は、風呂に入らなくても体が汚れるはずがないと頑なに信じており、あまりの体臭にまわりが指摘しても、それを認めなかった（ちなみに彼が以前アップルを追い出されたときには、半年間家に籠もりっきりで、朝から晩までボブ・ディランを大音響で聞いていたそうだ）。

シリコンバレーの本当の姿

ジョブズ氏に代表されるように、シリコンバレーにはとにかく権威に反発する大金持ちがウヨウヨしている。なぜそうなるのか？　それは、シリコンバレーが発達してきた経緯を見ればわかる。もともとシリコンバレーは、軍需企業の開発拠点として整備されてきたエリアである。権威や国家権力に反発するヒッピーと軍需企業は正反対の存在に思えるのだが、実はそうでもない。

アメリカは国家権力の側も相当なもので、天才的な能力を持ち、権威に反発する人たちを、軍需企業を通じて囲い込み、その才能を兵器開発に応用するとともに、国家転覆に向かわないようＣＩＡなどが監視してきたのである。だから、インターネットという技術がもともと軍事目的で開発されたことには何の不思議もないのである。グーグルは今やＣＩＡを超える情報収集能力を持っているが、当然、裏ではいろいろなやり取りがなされているはずである。

グーグルの技術は、下手をすると国家反逆罪になってしまう。創業者のラリー・ペイジ氏とセルゲイ・ブリン氏は、今のように世界的億万長者でヒーローとなるか、牢獄行きになるかの、どちらかだったのだ。

同じ図式は日本でも当てはまる。起業家として活躍してお金持ちになった人のなかで、元左翼の活動家という人は結構多い。

学生運動をやりすぎてまともな会社には就職できず、かといって革命が起こるわけでもない。怒りの矛先は、既得権益を持ち、楽して給料をもらう公務員や大企業の社員に向かう。この仕組みをブチ壊すベンチャー企業を創業してやれ、というわけだ。左翼で労働運動をしてきたのに、経営者になるという矛盾はこの際どうでもよい。怒りの矛先が起業という点が重要だ。

左翼活動とは異なるが、悲惨な戦争体験から既得権益層に対する反発心が芽生え、事業拡大という野心に転じるケースもある。ダイエー創業者の中内功氏はその典型である。中内氏は、一兵卒としてフィリピンに赴き、奇跡的に生還した。日本軍が飢えと物不足で生きるか死ぬかという状態のときに、アメリカ軍の兵隊がアイスクリームマシンを使ってアイスを好き放題に食べているのを知り、衝撃を受けた。

戦後はこの体験をバネに、官僚主導の国家統制経済に真っ向から反発し、消費者が主役の巨大流通グループの育成に邁進していった（もっとも中内氏はやりすぎて失敗し、晩年には全財産を失ってしまったが……）。

資産家のスマートな反逆

このように、実業家は権威への反発を激しい形で表面化させるが、資産家はもう少しスマートな形で国家権力に反発する。現在、日本の財政は極度に悪化している。欧州情勢など他の要因もあるので表面化していないものの、経常収支の悪化と国債価格の下落は、もはや時間の問題となっている。

本来は日本の仕組みそのものを変えていかなければならないのだが、それには痛みが伴う。仕組みを変えるということは、公務員や規制に守られた大企業の社員にとっては、今までのおいしい立場を失うことを意味している。結局のところ、安易な増税や、規制に頼る政策ばかりが通ってしまう。基本的に、資産家には不利な状況といってよい。

事業を持っていない資産家は身軽である。将来の日本の財政悪化を見越して、密かに資産を海外に移し、より有利な運用を行う資産家が増えているのだ。世界に分散投資する資産家のメンタリティはコスモポリタンそのものである。これも、静かな形の既得権益層への反発と言えるだろう。

このように権威への反発は、転落と紙一重ではあるのだが、お金持ちへのパスポートでもある。あなたは学生時代など、教師や地域のエライ人、警察官などに対して、どういう感情を持っていただろうか？　反発心があった人ならお金持ち候補かもしれないし、転落人生まっしぐらかもしれない。権威に従順であった人は、お金持ちには遠いかもしれないが、安定したサラリーマン人生を送れるだろう。果たして、どちらが幸せだろうか？

リスクは、どこかで必ず取らなければならない

お金持ちになるためには、どこかで何らかのリスクを取らなければならない。不動産を相続した人でも、更地で貸し出すだけで十分な利益が出るケースは少ない。何らかの収益施設を作った段階で事業リスクを負っているのである。ましてや、お金のない状態からお金持ちになろうという場合には、それなりのリスクを覚悟する必要がある。

儲けるためには集中投資も必要

世の中では、リスク分散が絶対的に正しいことのように言われているが、そうではない。以前、株式投資にチャレンジしようとしている人に対して、少ない銘柄に集中して投資するようアドバイスしたことがある。

その投資家は、元手が500万円。数年で2倍から3倍にしたい、という強い希望を

持っていた。数年で2〜3倍にするためには、かなりのリスクを取らなければならない。場合によっては元手がゼロになってしまう可能性があることを何回も説明した。だがそれでもチャレンジしてみたいという。その結果としてのアドバイスであった。

株式の平均的リターンは6％くらいしかない。ふつうに投資していたのでは年6％がいいところだ。だが急上昇が期待できる銘柄に集中投資すれば、大幅に損するかもしれないが2〜3倍も夢ではない。ここで文句を言ってきたのが、ファイナンシャルプランナーの資格を持つH氏であった。ポートフォリオ理論に基づいて分散投資をしなければ危険だと彼は言う。自分もリスクとリターンを計算してポートフォリオを組んでいると。

筆者は異なる考えの人に対しても、きちんと論理が通っていれば、意見そのものには敬意を払う主義だ。だがこのときは、H氏の自説が正しいという上から目線の姿勢が目に余ったので、厳しく指摘した。

リスク分散が正しいとは限らない

筆者「分散投資が重要なことはわかっています。ところであなたは、いくら投資しているのですか？」

H氏「いくらって、そんなに多くはないです」

筆者「金額が問題なんですよ。ちなみに私は1億円強を運用しています」

H氏「いや、私はそれほどは……」
筆者「ポートフォリオを気にされるのですから、5000万ってことはないですよね？」
H氏「……」

ちょっと意地悪だったかもしれないが、言うべきことは言わなければならない。

H氏の運用金額は約100万円だそうである。100万円を株式で、しかもリスク・リターンを計算するといった相当の手間をかけて運用し、数％のリターンを得て、彼は何をしようというのだろうか？　これなら定期預金に貯金したほうがよっぽどマシだ。その程度のリターンでよいなら、私なら迷わず定期預金に預けるだろう。利子は安いが、ゼロになることはない。だが株式は、持っているだけでゼロになるリスクもあるのだ。

ポートフォリオはお金持ちのための理論

H氏はリスクの意味も、ポートフォリオの意味もわかっていないのである。ポートフォリオを組んで意味があるのは、億単位以上のお金を運用する投資家だけである。億単位の資産を持つ投資家にとって大事なことは、資金をなくさないことと、インフレで価値が目減りしないことだ。このため、数％のリターンを常に確保し、個別銘柄の影響をできるだけ受けないようにするためにポートフォリオを構築する。

3億円のお金を5％で運用すれば、毎年1500万円の収入になる。それだけで十分に暮らしていける額だ。だが銀行預金にしてしまうと、定期でも100万円から150万円くらいにしかならない。これでは仕事をしなければ生活できない。おわかりだろうか？このクラスの投資家にとって、お金をできるだけ減らさず、5％で運用することは、とてつもなく大事なことなのだ。このような人のためにポートフォリオ理論は存在する。

だが100万円の投資家はどうだろうか？　100万円しか投資に回せないということは、金融資産はせいぜい300万〜500万だろう。年収も500万〜800万といったところだろうか。100万円を5％で運用して5万円のリターンが毎年得られることと、定期預金に預けて年数千円のリターンを得ることが、天と地ほど違うことだろうか？　しかも株式に回せば、確率は低いが半分やゼロになってしまうこともある。金融資産が300万円の人が100万円失ったら大変なことだ。私なら絶対に銀行預金にする。

このクラスの人が株式に投資するというのは、危険を伴ってもいいから資産を大きく増やしたいという理由でなければ、論理的な整合性が確保できないのである。

筆者に相談を求めてきた人は、資金がなくなってもいいから100万円を300万円にしたい、という明確な目標を持っていた。彼はリスクとリターンの関係をよく理解している。筆者はそう判断して、思い切った投資を勧めたのである。その後、彼は、3倍とはいかなかったが1・5倍には増やすことができ、それを元手にサイドビジネスを始めた。こういう人は、事業であれ投資であれ、十分に正しい決断を下していけるだろう。

株で儲けた人は、どんな投資をしているのか？

前項で、ポートフォリオ理論がお金持ちのための理論であることは説明した。だが、少額しか投資できない人が株式で大きな資産を築くためには、具体的にどのような投資をすればよいのだろうか？　株式投資で勝つためのノウハウ本は世の中に山のようにある。また、「自分はこのようにして○○億円作りました」というタイプの情報も少なくない。だが実際のところ、どのような銘柄に投資して儲かったのか、いまひとつすっきりとした答えを得られないことが多い。

8割の人が負けるというのは本当

株式投資の世界では8割の人が負けている、と言われるが、その話は本当である。株は上がるか下がるかなので、5割かと思いきやそうではなく、圧倒的に負ける人が多い。おそらくそれは、投資の勝敗に心理が大きく影響しており、ギャンブルと同じで、負けが込んでくるとさらに負けるような投資をしてしまうことが原因と思われる。株式投資で勝てる人は少数派なのだ。

次に重要なことは、「勝つ」人はそれなりにいるが、「勝ち続ける」人は本当に少ないという事実である。相場は日々刻々と変わる。しばらく通用した手法も、半年、1年経つと相場が変化して使えなくなることも多い。コンピュータのプログラムにしたがって機械的に売買する、いわゆるシステムトレードなども、ひとつのアルゴリズムが有効な期間はそれほど長くない。賞味期限を長くしようと思うとリターンは少なくなってしまうだろう。

したがって、デイトレード的な方法で長期間にわたって勝ち続けている人は、かなり少数派だ。これが実現できている人は、ひとつの方法論を用いているのではなく、随時勝ちパターンを変えていると考えられる。他の人が簡単に応用できるようなものではない。

筆者はかつて金融業界にいたのでよくわかるが、証券会社の営業マンが抱えている顧客の平均的な寿命は1年である。1年で亡くなってしまう、という意味ではない。資金を使い果たして株式投資から撤退してしまうのである。よい顧客を見つけても、ほとんどが1年以内に落ちぶれてしまう(それは証券会社の強引な勧誘のせいでもあるのだが)。何年も投資の世界で生き続けられる人は非常に少ないというのが現実なのだ。

投資で成功した人が語りたがらないこと

このような厳しい競争を勝ち抜いた投資家であっても、実際にはいろいろと裏がある。多くの成功した投資家が語りたがらないことのひとつに、特定銘柄への集中というものがある。デイトレーダーで小さな利益を積み上げているような人でも、大きく資産を増やすきっかけになっているのは、実はごく限られた銘柄だったりする。

ネットバブル全盛期の2000年前後に株式投資で資産を大きく増やした人の多くが、ライブドア株へ投資していた。ライブドア株は一時期、分割を考慮すると数百倍に値上がりしていたので、うまくこのタイミングで投資できた人はボロ儲けであった。だが、人からコツを聞かれたり、ノウハウを本に書いたりするにあたって、「資産の多くはライブドアだけで稼ぎました」とは言いにくい。

筆者はそれほど株で稼いだと言える部類ではないが、それでも株で築いた資産のうち、半分くらいは特定銘柄（筆者の場合は中国のIT株、ネット株）への投資で得たものだ。これが正直なところであり、勝ち組と言われる投資家も皆、似たり寄ったりなはずである。

多くの人が気づいていると思うが、比較的まじめな投資本にあるような、企業の長期的な成長にかけるタイプの投資で大きな財をなした人はほとんどいない。たしかに、昭和30年代に松下電器に投資して増資分をすべて引き受けていれば、40年で2000倍くらいにはなったかもしれない。アメリカのＮＡＳＤＡＱに上場したばかりのインテルを買って保有し続けていれば、こちらも20年で２０００倍だ。

だが実際、これだけの期間、保有し続けることはほぼ不可能である。どこかのタイミングで利益確定をしたくなり、売ってしまう。しかも日本は、高度成長の時代は終わっているので、パナソニックのような銘柄はなかなか出てこないだろう。結局のところ、かなり高いリスクを取った人のなかで、比較的運のよかった人が、特別にパフォーマンスの高い銘柄で一気に資産を膨らませる。その後はある程度リスクを抑えて、安全に運用することで目減りを防ぐ。このような投資パターンの人が、株式投資で財をなした人ということになるだろう。

島田紳助に見る、お金持ちになるための秘訣

暴力団との交際が発覚して芸能界を引退（？）した島田紳助氏。彼はタレント活動以外にも、不動産投資や飲食店経営など幅広く事業を行う、かなりのお金持ちだ。彼が出演していた番組のギャラは1本数百万円と言われ、年収は軽く数億円にもなる。芸能活動からの引退によってこのギャラをすべてフイにすることになったが、それでも事業活動からの多額の収入があり、経済的にはまったく困らない。

暴力団との交際にまつわる彼の評価はともかくとして、彼はどのようにして資産を築いたのだろうか？　多額のギャラを稼ぐトップタレントだったが、ギャラには税金もかかる。ギャラを貯蓄するだけでは、なかなか大金持ちにはなれない。彼が大きな資産を築くことができたのは、彼が今のように大物と言われるようになるはるか以前、漫才コンビを組んでいた時代から不動産投資を積極的に行ってきたからである。彼の人格や行為はこの際どうでもよい。彼の行動は、お金持ちを目指す人には非常に参考になる。

見た目よりずっと大変な不動産投資

紳助氏が不動産投資で成功したのは、明確なポリシーを持っていたからだ。そのポリシーとは、東京都心部の物件に限定して投資する、というしたってシンプルなもの。これは何を意味しているのだろうか?

今は大富豪となっている紳助氏のもとには、よい物件が優先して持ち込まれているかもしれない。しかし彼が若い頃は、ただの一般投資家だ。彼は、ダメ物件を掴みたくないので、必ず自分の目で物件を確かめる主義だったという。テレビ局が集中する新宿区(昔のフジ)、渋谷区(NHK)、港区(TBS、テレ朝)、千代田区(昔の日テレ)からすぐに移動できる地域の物件に限定し、収録の合間に物件を見に行けるようにしていたそうだ。

不動産投資は楽そうに見えるが、実際には見た目よりもずっと大変だ。ダメ物件を掴んでしまったら即アウト、という厳しい世界である。いい物件を見つけるためには、ものすごい数の物件を見なければならない。不動産会社の営業マンは物件を紹介するのが仕事なので、「物件を探してきて!」とお願いすれば、鬼のような数の物件を持ってきてくれる。だが、彼らはとにかく売れてしまえばいいので、ロクでもない物件も多数持ち込んでくる。100件、200件と持ち込まれた物件の中から1件いいものがあればマシなのだ。だが、そのいい物件は早い者勝ちになるので、すぐに決めないと他の誰かが持っていってしまう。

最初のうちは物件探しも楽しいが、50件、100件、200件となると、さすがに疲れてくる。それでも、いい物件を見つけるためには、すべての物件をチェックしなければならない。ここで忙しさにかまけたり、マメじゃなかったりすると、物件を見ずにチラシだけで済ませてしまうパターンに陥りがちである。だが、ここに落とし穴が潜んでいる。やっぱり物件は、実際に現地で見ないとわからないのだ。

売れっ子芸能人は分刻みのスケジュールである。それでも紳助氏は、すべての物件を自分の目で確かめるために、職場の近くにある物件に限定した。これには、かなりの覚悟とマメさが必要である。いや、「何としても儲けてやる！」という執念すら感じる。このようにして紳助氏は、不動産という資産の基礎を築くことができたので、その後も順調に事業を広げていくことができたと考えられる。

これができれば半分お金持ちになったも同然

自分の目で確かめる。これは多くのお金持ちに共通のポリシーだ。自分の目で確かめ、自分で定めた基準に合わないと絶対にモノを買わない、というタイプの人がかなり多い。

こう書くと、「物件を見て不動産を買うなんて当然でしょ？」と思う人がいるかもしれない。だが、実際には物件を見ずに買う人は少なくないのだ。たとえば新築マンションの購入を考えてみてほしい。新築マンションの多くは、建物ができる前に契約を済ませてしまう。つまり、モデルルームだけを見て買う人がほとんどなのだ。

マンションなら自分で住む家なので、多少イメージと違っても、いろいろと工夫したりして、何とか折り合いをつけられるだろう。だが投資用の不動産は、当初予定していたイメージと異なれば、即、利益（損失）に直結してしまう。ローンを組んで投資しているのであれば、下手すれば破産だ。

どんなに忙しくても、大変でも、明確なポリシーを持ち、それをブレずに保ち続けることは、実はかなり大変なことなのだ。逆に言うと、これが本当に実行できるなら、どんな分野であれ、お金持ちへのパスポートは半分手にしたも同然といってよい。

お金持ちになりたければ、早く動き出せ

お金持ちになる人は、ふつうの人とは思考回路が異なっている。ふつうの人と同じように発想してお金持ちになれるのだったら、皆お金持ちになっているはずだ。人と違う発想にこそ儲けの源泉がある。だが生まれつき才能がある人はともかく、そうでない人がお金持ちの思考回路を身につけるためには、頭が柔軟なうちにトレーニングしたほうがよい。「お金持ち脳」になるためには、早ければ早いほうがよいのだ。

「お金持ち脳」の年齢制限は30代前半

「お金持ち脳」の年齢制限は一般に30代前半と言われている。それ以降になると頭が固くなり、新しい発想を受け付けなくなるのだ。これは多くのお金持ちが証言している。10代のうちは、多少の差があるかもしれないが、基本的に皆子供である。10代のうちからお金儲けの才能を開花させる人もいるが、そのような天才でない限りは10代はふつうに過ごし

ていればよいだろう。

問題は20代の過ごし方である。半数以上の人は、何らかの形で会社などの組織に入って働くことになる。社会人になりたての頃は、学生時代と違って何かと理不尽に思えることが多く、仕事も面白くないことがほとんどだ。だがこの時期が、お金持ち脳を作る上で非常に大事である。この理不尽さやつまらなさの感覚をどこまで持続し、それを打開するための行動に結び付けられるかで、その後の人生は決まる。

ほとんどの人は数年のうちに、社会人になりたての頃の反抗的な意識を徐々に忘れ、従順なサラリーマン（社畜）に変貌していく。20代の後半になると、自分の殻を破る勇気はほとんどなくなり、飲んだときに愚痴るくらいになってくる。だが20代までは、理想の自分と現実にギャップがあることを認識しているから、まだ大丈夫だ。

問題は30代から訪れる「強烈な自己肯定」フェーズである。当初は生活のためと言い聞かせていたサラリーマン生活が徐々に心地よくなり、自らの人生を強烈に肯定するようになってくる。30代の後半ともなると、完璧な社畜が完成し、「最近の若いヤツは！」などと説教をするようになる。

このフェーズに入ってからお金持ち脳に転換するのは、ほぼ不可能である。これまでの経験と価値観が頭脳のほとんどを占め、新しい考えが入ってこない。また以前の嫌なことを都合よく忘れてしまう。たとえば同じ会社に勤め続けることは、安定でもあるが、ひとつの会社に人生のすべてを預けるという意味でリスクにもなる。これは価値観であり、どちらが正しいというものではない。だが、強烈な自己肯定に入ってしまった頭では、会社にいることがすべてになってしまい、自分と異なる考えは排除してしまうのだ。

若者批判は一種の自己防衛本能

筆者はバブル世代末期の人間だが、当時は「新人類（何を考えているかわからない、という意味）」だの「無気力人間」だのと年配者からさんざん批判された。若者バッシングという意味では、現在よりも激しかったかもしれない。実際、学生の頃は遊ぶことばかり考えていて、まじめに勉強する雰囲気などまったくなかったといってよい。就職活動もテキトーであった。あまり認めたくはないが、客観的に見て今の若い世代のほうが、かなりまともである。

だが、当時は年配者からさんざん批判されて嫌な思いをしたはずの人間が、今度は若い人をつかまえて、最近の新入社員は覇気がないだの草食系だのと批判している。これはどのような心理メカニズムなのだろうか？　それは、理想の姿とは異なる自分を守るための防衛本能、と解釈するのが妥当だろう。目立ったスキルもなく、リスクを取る勇気もない人にとって、現在の会社がある意味で人生のすべてといってよい。だが若いときはそう考えておらず、「いつでも辞めてやる」と息巻いていた。

しかしながら、そのような記憶をいつまでも持っていては、現在の自分と折り合いを付けることができないので、人はうまく忘れるようにできている。若い社員の無邪気な振る舞いは、嫌でも当時の記憶を呼び覚ますことになる。若い人の振る舞いを攻撃するのは、理想と違う自分を正当化するための儀式のようなものなのである。

行動するなら早いほうがよい。だが、40歳以上の人でも完全に諦める必要はない。チャンスは狭まってしまうが、基本的に自分が活動していたフィールドでのチャレンジを考えれば、頭の固さは経験値でカバーすることができるかもしれない。一方、まだ20代の人は、あまり分野にはこだわらないほうがよい。お金が動く分野や業界は常に変化している。突然新しい分野が登場してくるかもしれない。進路は狭めないほうが得策だ。

お金持ちになりたければ、年配者の意見は無視しろ

年配者の意見には耳を傾けるべき、というのは一般によく言われることだが、ことお金持ちになるという点においては、ほとんど当てはまらないと思ってよい。もちろん、実際にお金を儲けてきた年配者のアドバイスであれば、お金を出してでも聞いたほうがよいだろうが、そんな人は数えるほどしかいないはずだ。身の回りにいる一般的な年配者のアドバイスは、なるべく聞かないほうがよい。

お金持ちは若者に説教などしない

世の中には間違った通説や「べき論」が横行している。特にお金に関するものは嘘が多く、非常に醜いものがある。だが考えてみれば当たり前のことで、ほとんどの人がお金とは縁のない生活を送っており、お金持ちになるための努力をしないにもかかわらず、自分

がお金持ちでないことに不満を持っている。「お金儲けは汚いこと」というニュアンスの話が横行するのも無理はない。

先にも述べたように、人間は30歳を過ぎると、基本的な頭の枠組みが固定化されてしまい、そこから成長することが難しくなる。年を追うごとに新しいことを受け付けなくなり、頑固になっていくのだ。ただでさえ嘘が多いところに、年齢という要素が加わると、それは始末に負えないことになる。お金に縁のない年配者の話は、もっとも参考にしてはいけないのである。

もちろん冒頭にも書いたように、実績を出した年配者の話なら買ってでも聞いたほうがよい。だが本当にお金持ちになった年配者というのは、若い人に偉そうに説教したりしない。「思うがままにやればよい」としか言わないだろう。自分がそうだったので、それ以上のアドバイスなどできるわけがないのである。

結局のところ、若い人に説教したがる人は、ほとんど実績のない人であり、そのような話を聞いても時間の無駄である。なかには若い人に積極的に説教をするお金持ちもいるが、そのような人は若人をカモにしようと思っていることが多いので、こちらも要注意だ。

年配者に話を聞くときは「事実関係」に徹すること

ただし、年配者の話が非常に有効なこともある。昔はどうだったのかという事実関係だけは年配者に聞かなければわからないものだし、ニッチな分野の具体的な話題は本などには載っておらず、生の話を聞くしかないからだ。

世の中は日々進歩しており、新しいツールが次々と登場してくる。だが、お金儲けの基本的な構造は何百年も変わっておらず、過去にあったことは形を変えて繰り返していることが多い。株式や不動産の相場にも同じことが言える。この点については、年配者は貴重な情報源となる。昔はどのような状況だったのかをうまく聞き出すことができれば、それを今の状況に当てはめてプランを練ることができる。

年配者に話を聞くコツは、事実関係だけをうまく聞き出すことである。価値観や「べき論」に流れないよう細心の注意を払わなければならない。そのためには、質問の内容に工夫を凝らす必要がある。たとえば商業用不動産でテナントを募集する話であれば、「昔のテナント募集はどんな状況だったのですか?」ではダメだ。「広告を出してから空室が埋まるまでには、どのくらいの期間が必要でしたか?」といった具合に、質問項目を絞って具体的に聞く必要がある。

また、昔の話を全体的に聞く必要があるときは、今と違うところに注目するよりも、今と何が変わっていないのかに注目したほうがよい。長い期間を経ても変わらないことというのは、普遍的で今後も変わらない可能性が高いからだ。そのような分野は、たとえ参入しても大きな果実を得ることはできないだろう。

7

お金が逃げていく！
あなたの危険なその行動

貧乏人と付き合うと貧乏になる

貧乏人とばかり付き合っていると自分も貧乏人になってしまう、とよく言われる。これには2つの意味がある。

ひとつはメンタルな部分での悪影響、もうひとつは現実的な取引での悪影響である。メンタルな部分での悪影響はわかりやすい。お金持ちは前向きで精力的な人が多い。これに対してお金がない人は、後ろ向きで愚痴っぽい人が多い。このような人とばかり付き合っていたのでは、自分もポジティブになれるわけがない。

「相手から元気をもらう」とは何とも陳腐なフレーズだが、それなりの意味があるのも事実だ。ポジティブな人と接する効果は確実にある。それに加えて、お金がない人には、何か新しいチャンスが巡ってくる可能性が低いという現実的な問題がある。お金持ちになりたいなら、お金持ちと付き合うべきだ。

お金がない人は支払うべきお金も支払わない

では、貧乏な人と付き合う現実的な弊害は何だろうか？　印刷関係の会社を経営するQさんは当初、中小企業を主なターゲットとして顧客開拓していたが、あまり儲からず苦労していた。中小企業をターゲットにしたのは、大企業はアポイントなしでコンタクトをとるのが難しく、営業効率が悪いと考えたからだ。だがしばらくして、Qさんは考えを変えた。顧客開拓が多少難しくても、よりお金を持っている大企業を開拓することにしたのである。その理由は、中小企業との金銭的なトラブルの多さであった。

中小企業のすべてが経営難というわけではないが、総じて経営が苦しいところが多い。経営が苦しい会社は、基本的にまともにお金を払わないのだという。商品を納品しても期日までに振り込まれないのは日常茶飯事で、なかには何度も支払いを延期したあげくに、内容に難癖をつけて支払いを拒否しようとする客までいる。

Qさんは契約面で抜かりはなく、万一本当に代金が支払われない場合には、法的措置で対抗できるよう準備はしてある。だがあまりにも未払いが多く、仕事の効率が悪いと思い始めたのだ。これなら、手間をかけてでもお金を持っている企業を開拓するほうがよっぽどマシ、というわけである。

ところで、Qさんの顧客はなぜ、裁判で負けるような状況であるにもかかわらず、お金を払わないのだろうか？　もちろんお金がないからなのだが、まったくないわけではない。本当にないのならとっくに倒産している。資金繰りは楽ではないかもしれないが、残金ゼロというわけではないのだ。

ふつうに考えれば、支払わなければならないお金からは逃げることができないので、これを無理に引き延ばしたり、法廷での争いに持ち込むことには、ほとんどメリットがない。結局は負けて支払うはめになるからである。そんなことをするくらいなら、さっさと新しい顧客を見つけて売上を立て、経費を支払えるように努力するのが一番よい。

だが、お金がない人やお金がない会社というのは、このような合理的な考え方ができない。目の前にある支払いをなんとか少なくして、手元のお金を増やそうとする。結局、余分な手間がかかってしまい、前向きな仕事に時間を割くことができない。このため、さらに貧乏になり、目の前の支払いをまた先延ばしする、という悪循環に陥るのだ。

貧乏人と取引してはいけない理由

お金儲けをするには、「出」を少なくして「入り」を多くすればよい。だが多くの場合、入りは拡大できるが、出を減らすのには限界がある。しかも、契約上支払わなければならない出費をゴネたところで何の利益にもならない。目の前の出費にばかり目がいく会社は、おそらくずっと貧乏なままである。このような相手と付き合っていると、無意味なことに多大な時間を割くはめになり、自らの利益も下げてしまう。

Qさんは結局、営業先を抜本的に見直し、大企業や高い利益を上げている中小企業に的を絞ることにした。その分、顧客開拓は難しくなったが、注文が取れてからのトラブルがほとんどないため、差し引きすると全体的な効率は上がったという。

お金を持っていない人や会社を相手にしてお金儲けをする場合には、以下のどちらかの条件をクリアしている必要がある。

①トラブルのリスクを補って余りあるほど利益率が高い
②相手の数が極めて多く、販売が極めて簡単

もしどちらにも該当しない場合には、結局あなたも相手のレベルに下がらなければならない。

マックやファミレスで仕事をするとお金持ちになれない

マクドナルドなどのファストフードや、スターバックス、ファミリーレストランなどで仕事をする人をよく見かける。最近はＷｉＦｉ環境が充実してきているので、時間がちょっと空いたときなどには、たしかに便利だ。だが、こういった店舗で仕事をすることが慢性化すると、お金持ちからはどんどん遠ざかってしまう。それはなぜだろうか？

ビジネスは時間の奪い合いゲーム

毎月決まった給料をもらえるサラリーマンならばあまり関係ないかもしれないが、自分自身の力で稼ぐ人にとって、自分の時間というものは与えられるものではなく、互いに奪い合い、戦って勝ち取るものである。時間は有限であり、これを獲得するゲームは、まさにゼロサムゲームとなる。

たとえば、ある打ち合わせをする際に、自分が1時間かけて移動しなければならない場所になってしまったら、それは第一段階ですでに敗北している。そこで失った1時間は二度と取り戻すことができないからだ。移動に時間やお金がかかる案件の場合、それ相応の期待収益がなければ収支が合わないのである。

もちろん、相手との力関係によって仕事をする場所は変わってくるので、そうそう簡単に自分では選択できるわけではない。だが、そのなかにおいても、自分の時間ができるだけ有効に活用できるようにスケジューリングできなければ、この差は積もり積もって重くのしかかってくる。

逆にいうと、お金持ちになるということは、自分で移動する時間や距離が少なくなることを意味している。つまり、移動する時間をできるだけ少なくするゲームに勝てた人が、最終的にお金持ちになれるとも言えるのだ。

拠点が定まっているほうがコストは安くなる

このような観点で考えると、常に渡り鳥のように仕事をしている人は、どう見えるだろうか？　一見するとフットワークが軽そうだし、急ぎの案件にもすぐ対応できるかもしれない。だが一方で、時間を奪い合う競争に最初から敗北しているとも言える。渡り鳥ワーカーは、相手次第で場所を移動することが前提になってしまっているからだ。

さらに細かいことを言うと、コーヒー代などの出費も馬鹿にならない。これに加えて、自宅が遠距離にあったりするとさらに非効率である。どんなに狭くてもよいので、便利な場所に拠点を定め、そこを基点に集中して活動するほうが、トータルの効率は上昇するし、コストも安くなる。

ここで「狭い」「お金がない」という言い訳が出てくるようなら、お金持ちを目指すことは諦めたほうがよい。この状況を打開するためには、狭い空間でも生活できるように何かを犠牲にするか、お金をかけずにそれなりの場所を確保するために知恵を絞るかのどちらかしかない。

なかには、自宅にインターネット環境が整備できないので、マックのＷｉＦｉを使って何とかネットに接続している、という猛者もいる。だがこれは単なる悪循環で、きちんと生活できる住居を確保したほうがトータルのコストは安く上がるのだ。

ちなみに日本のマックは、客が意識しないように仕掛けられているが、８年間で６回も値上げしており、客単価は決して安くない。またスターバックスは、外食産業では破格の客単価の高さを誇っている会社である。これらのことを忘れてはならない。

お金持ちは若いうちから贅沢を経験している

生まれつきのお金持ちは当たり前として、後からお金持ちになった人も、多くが若いときからそれなりの贅沢をしている。贅沢というのは、高価だが良質な商品を買ったり、それなりに高級なところで飯を食っている、という意味である。質の高い商品やサービスに若いうちから触れているということだが、それがお金持ちになることとどのように関係するのだろうか？

コストパフォーマンスは価格帯で大きく異なる

若いうちから質の高い商品やサービスに接することの最大のメリットは、価格と品質の関係性を肌身で理解できるようになることである。一般的に、価格と品質には明確な相関がある。だがそれは単純な比例関係ではない。価格帯が安いうちは、価格と品質には比例の関係が成立するかもしれない。2倍のお金を出せば、2倍の質が得られるのである。だが価格が上がってくると、そうはいかなくなる。

1本1000円のワインと2000円のワインには大きな味の差がある。だが1万円のワインと2万円のワインには、それほど差はない。さらに最高級品レベルである10万円以上のものになってくると、値段が10倍になっても味はごくわずかしか良くならないのだ。これはほとんどの製品やサービスに共通した特徴である。価格が高くなるほど出荷される量は少なくなる。このため値段をさらに上げて利益率を高くしないと、絶対額としての利益が減ってしまうのである。

こういったことは、価格形成の理論などを考えればわかることではあるのだが、体験することに勝るものはない。高級な製品やサービスを体験したことがあると、質と価格との関係が体でわかるようになる。これは、お金を稼ぐ上で極めて重要なスキルである。

接待営業にハマるのは経験が少ない人

若いうちから高級なものに接しておくことのメリットは他にもある。高級なものに対する免疫をつけておくことは、心の余裕につながってくるのだ。体験したことがないものに対して、人間は異常なまでの欲求を示す。だが一度体験してしまうと、不思議なもので過剰な欲求は消滅してしまう。

だいぶなくなってきたが、いまだに営業の最前線では「接待」という手法が有効なことも多い。接待営業が絶大な効果を発揮する相手ははっきりしている。高級な店や女性がいる店に行き慣れていない人である。付け届けも同様である。このようなもので喜ぶ人のほとんどが、若いときにこうした物やサービスに触れた経験がない。心に余裕がないと、人間はつまらないことで舞い上がってしまい、冷静な判断ができなくなるのだ。

お金持ちになる人が若いときから高級なものに触れているのには別な理由もある。お金持ちになれる人の多くが、若いうちから、立場の高い人との付き合いが多いことはよく知られている。事業などで成功した人の多くが、若いうちから年配の有力者に目をかけられている。彼らに連れられて高級な店に行ったりすることで、自然とお金持ちの振る舞いを勉強するチャンスに恵まれているのである。

若いうちから高級なものに触れるのがよいといっても、浪費がダメなのは当然である。だが、自分への投資としてある程度の身銭が切れない人は、お金持ちにはなれない。若いうちの生活も重要な意味を持っているのだ。

会社のカネで飲むな！

これと対極にあるのが、会社のカネで飲み食いする行為だ。いくら高級なものであっても、まったく逆効果である。会社の経費で飲み食いするような行為を続けていると、価値判断能力がどんどん落ちてくる。結果として、お金には縁遠い生活になってしまうのだ。

現在は買収されてなくなってしまったが、かつてCSKというシステム会社があった。その創業者の大川功氏は、日本でも有数のお金持ちのひとりであった。大川氏は宴会が大好きで、グループ会社の社長や取引先などの人を呼んで、しょっちゅう宴会を開いていた。しかも、ただの宴会ではない。向島などの高級料亭で芸者さんをたくさん呼ぶという、超豪華な宴会なのである。

高級料亭で芸者さんを呼んで宴会をすれば、下手すると一晩で何百万もお金が飛ぶという世界である。だが大川氏の宴会は、すべて大川氏の自腹であったと言われている。その宴会にたびたび参加したある実業家は、同じお金を使う宴会であっても、個人のお金で楽しむ宴会は、雰囲気がぜんぜん違ったものになるという。

おいしい料理とお酒、さらにきれいな芸者さんを集めた宴会はさぞ華やかで、高揚感のあるものだろう。だが夜が明けてしまえば現実の世界に引き戻される。宴席が華やかであればあるほど、終わった後のむなしさは大きいのだ。おそらく宴の魅力は、このむなしさも含めたものなのだろう。自腹で大枚をはたいたのならなおさらである。逆にいうと、宴を本当に楽しむためには、自腹を切ってむなしさを実感しないとダメなのである。

これが会社の経費の飲み会ならどうだろうか？　次の日に、高揚感とむなしさの狭間で思い悩むことなどないであろう。「ああ楽しかった。今日もまた仕事か」という程度だ。これを繰り返していると、確実に感性が麻痺してくる。物事の価値が正常に判断できなくなったら、お金持ちになることはほぼ不可能である。

会社の経費は麻薬である

会社の経費に依存することは、経費を使う側の人間だけでなく、お金を受け取る側（商品やサービスを提供する企業）の人間の感覚も麻痺させる。経費での購入は、その商品が本当に必要かどうかではなく、経費として処理しやすいかどうかが目安となる。だがビジネスというものは、本来、顧客に必要とされるものを企業が努力して開発し、相応の対価をもらう行為である。経費で処理されやすいという観点でばかり商品やサービスを提供していると、会社の経費処理に依存する、競争力の弱い商品ばかりになってしまう。

実際、会社の経費による購入に極端に依存していた事業は、不景気が長く続いて経費が削減されると、経営が立ち行かなくなってしまうことが多い。本来はニーズの変化を感じ取り、新しい商品やサービスを開発していかなければならないのに、経費という麻薬で感覚が麻痺してしまい、本来企業が持っている生存本能がなくなってしまったのだ。これからお金持ちになりたいと思っている人で、会社の経費で落とすことに心血を注いでいる人がいたら、即刻その習慣は断ち切ったほうがよい。

「使われる側」になってはいけない

世の中には、人を使う人と、人から使われる人の2種類が存在している。お金持ちは間違いなく使う側の人だ。それに今はお金持ちでなくても、お金持ちになる体質を持っている人は、やはり使う側のメンタリティを持っている。ところが、世の中にはわざわざ使われる側に回ろうとする人もいる。これは、お金持ちからもっとも自分を遠ざける行為だ。

自分の行動を自分で決められるか？

ここでいう「使う人」とは、単なる会社の上司という意味ではない。会社の上司であっても、その人はさらに上の上司に使われている人に過ぎない。仮に社長であっても、今度は会社に使われている人なのだ。本当の意味での使う人というのは、自分の行動をすべて自分の意思で決められる人のことを指す。

たとえば10億円のお金を持つ資産家であれば、そのお金をどのような分野に投資し、どのようなリターンを得ようが、すべて自分の思うがままである。もちろん、その結果はすべて自分のところに跳ね返ってくるが……。だが、同じお金を運用するのでも、人から預かったお金を運用する場合には、100％自分の思う通りとはいかない。出資者の意向はある程度尊重しなければならないからだ。

会社でも同様である。自分で出資して自分が社長をしている会社であれば、意思決定は100％自分でできる。いくら給料をもらおうが、どのような事業をしようが勝手だ。だが出資は投資家がしており、自分は経営者になっているだけの場合には、100％というわけにはいかない。出資者の意向も聞かなければならないだろう。業績が不振であれば、給料は自主的に返上しなければならないかもしれない。

日本のサラリーマンは究極の使われる人

出資者でもなく経営者でもない人（つまりふつうのサラリーマン）は、ほぼ100％、利害関係者の意向を聞かないと意思決定することはできない。仕事の内容や自分の給料などを自分で決めることは、ほぼ不可能である。日本のサラリーマンは究極の使われる人、ということになる。

一方で、使われる側にもメリットがある。まわりの意向を聞かなければならない代わりに、人のお金を使うことができるのだ。よほどのお金持ちでもない限り、何億円もの大金を自由に動かすことはできない。だが大企業に勤めるサラリーマンだと、ごく簡単に億単位のお金を動かすことができる。実際、筆者も金融機関に勤務していたときは、1億円くらいの投融資はごく日常的にあった。だが組織のサラリーマンは、いくら大金を動かせても、それを自分の懐に入れることはできない。ここが最大のポイントだ。

使う側の人は、すべて自分の自由になるが、そうそう大きな金額を動かすことができず、一方、使われる側の人は、まったく自由にならないが、大きな金額のお金を動かすことができる、という関係が成立する。大きくお金を稼ぐ人というのは、この両者の「いいとこ取り」ができた人なのである。

使う側に立ちながら、人のお金を動かせる人

一番有利なのは、自分で事業や投資をしていながら、出資者の言うことをあまり聞かなくてもよい立場の人である。

グーグル創業者のラリー・ペイジ氏とセルゲイ・ブリン氏は、上場して大企業になった現在でもグーグルの議決権の大半を保有している。本来はそのようなことは許容されないのだが、同社があまりにも魅力的なので、投資家がその状況を許しているのである。まさに「人のお金は使うが、口出しは無用」という立場だ。もっとも最初からそうだったわけではない。成功する前はベンチャーキャピタルから多額の投資を受け入れており、もし業

績が振るわなかったら2人ともクビだったかもしれない。

外資系の投資銀行マンはサラリーマンでありながら、実質的には中小企業の経営者のような立場である。実績が出なければ即クビになるが、稼いだ額の何割かをそのまま懐に入れることができる。

お金持ちになろうと思う人は、とにかくどのような形態でもよいから、できるだけ「使う側」に回る手立てを考えなければならない。自由度が高ければ高いほど、動かすお金の額は小さくなってくるので、儲けも少ない。逆に人のお金に手を出せば、大きく儲かるチャンスは増えるが、自由度がどんどん奪われていく。いいとこ取りをするためには、自分の能力を人に認めてもらってお金をもらう（雇ってもらう）という発想ではダメだ。「自分の能力に投資をすれば、あなたも儲かりますよ」という「上から目線」が大事なのだ。

「そんなこと知ってるよ」と言うな

人から話を聞いたり、本で何かを読んだりしたときに「そんなこと知ってるよ」と思うことは多い。だが、「そんなこと知ってるよ」という思考回路は、自分からお金を遠ざけてしまう原因になっているかもしれない。お金に縁のない人ほど、このセリフを口にしがちなのである。

同じ話を何回も耳にする理由

「そんなこと知ってるよ」と思ってしまうのは、その話を何回も聞いたことがあるか、話の内容自体が陳腐だからかのどちらかである。もしかしたら両方かもしれない。だがそもそも、何回も聞いたことのあるような話が、なぜ繰り返し取り上げられるのだろうか？その理由は2つしかない。ひとつは、話の聞き手にとって受け入れやすい内容になっていて強いニーズがある場合。もうひとつは、その話が「真理」を表している場合である。

もし聞き手のニーズに合致している話であれば、そこには大きなマーケットが存在していることを意味している。

たとえば「社員が働きやすい会社は伸びる」といったような話がこれに相当する。社員が働きやすい会社が本当に伸びているのかどうかは不明である。ブラック企業に近い会社で好業績のところもあれば、社員の待遇はピカイチでも倒産しかかっている会社もある。だが会社員というマーケットは巨大であり、彼らをターゲットにしたビジネスはたくさん存在する。そこでは事実に関係なく、会社員の耳に心地よい情報が多用されることになる。

社員の耳に心地よい内容をちりばめたコンテンツ商品はもちろん、「社員が働きやすい会社作りをお手伝いします」というコンサルタント、よりよい職場環境を求めて転職を希望する人のための各種サービス、働きやすい会社のイメージを作り上げる広告宣伝など、数多くの事業チャンスが存在している。「『社員が働きやすい会社は伸びる』なんて嘘っぱちだ」などと言っている場合ではないのだ。

真理を摑めば、後はやるかやらないか

聞き手の側にあまりニーズがないのに繰り返し登場する話には、かなり重要な「真理」が含まれている可能性が高い。内容が陳腐ならばなおさらである。「利益を最大化するためには、売上を増やして、経費を少なくすればよい」といったような話がこれに相当する。

売上を増やして経費を少なくすれば、利益が最大化するのは当たり前のことであって、そのことを聞かされても誰も驚かないし、喜びもしないだろう。だがこの話が、お金持ちになるための法則として、何度も何度も登場しているのであれば、それは傾聴に値するのだ。

つまり、多くの人がこの当たり前のことができていないのでお金持ちになれないでいる。逆にいうと、これを実現できれば、間違いなくお金持ちになれるのだ。だとすると、売上を増やして経費を少なくするというのは、どんな犠牲を払ってでも実現すべき目標だということがわかってくる。

実際にやってみると、人はいろいろな理由をつけて、この単純な法則を実現しようとしない。人間関係のしがらみ、人からよく見られたいというプライド、楽したいという怠け心など、実現を邪魔する要素は大きい。これらを思い切って断ち切ることができれば、お金持ちになれる可能性が高いにもかかわらずだ。こういった情報はまさに「真理」そのものであり、お金持ちになれる人はこういった「真理」に関する情報を見逃さない。そして恐れることなく実施する。一方お金持ちになれない人は、こういった情報を安易にやり過ごしてしまう。

ラッキーであることを否定するな

お金持ちのなかには、非常にラッキーな人がいる。あまり努力もせず、思いつきで始めたビジネスが大当たりするような人は少数だが存在している。このような人に対する評価はおおむね以下のようなものだろう。

「ラッキーだっただけだよ」
「どうせ偶然でしょ」

さらにはこんなセリフも聞こえてくる。

「努力しないで手にした成功からは何も得られない」

たしかにその通りなのだが、ラッキーな人に対してそのような評価を下している人は、とうていお金持ちにはなれない。それはどういうことか？

対照的な2人をどう評価するか

外資系のＩＴ企業に勤めるビジネスマンたちが、半年前に辞めていった2人の同僚について話をしている。２人は同じ時期に会社を辞めて、それぞれ新しい会社を設立していた。このうち片方は、有力なパートナーを見つけ、一気に事業が拡大しつつあった。これに対してもう片方は、資金調達に手間取り、本格的な事業を開始できないでいる。

事業を拡大できたほうを仮にAさん、苦戦しているほうをBさんとしよう。Aさんが有力なパートナーを見つけることができたのは、まったくの偶然であった。奥さんの友人のパーティで知り合った人が、たまたまパートナー企業の出資者で、経営者を紹介してもらえたのだ。この情報を知ったときの社内の反応は対照的であった。ひとりはAさんについてこうコメントした。

「Aさんはすごいね。あんなふうにしてパートナーを見つけるなんて」

だがもうひとりは、まったく異なる反応だった。

「Bさんはせっかくがんばったのに可哀想に。Aさんはホント、ラッキーだよな」

ひとりは、Aさんが偶然に有力なパートナーを見つけ、事業化までこぎつけたことを高く評価している。ラッキーであることをプラスに評価している。これに対してもうひとりは、がんばったのに報われなかったBさんに同情している。そして、Aさんがうまくいったのは単なる偶然であると切り捨てている。

がんばったご褒美を期待するのは「使われる人」の証拠

お金持ちに言わせると、この会話をしているビジネスマン2人の将来には、決定的な違いが訪れる可能性が高い。Aさんの状況をプラスに評価した人には大金を稼ぐチャンスが訪れるかもしれないが、Aさんを否定し、Bさんに同情した人には、あまりそのチャンスは巡ってこないだろう。

Bさんに同情した人の最大の問題は、「使われる人の発想になっている」ということである。がんばったのにうまくいかず可哀想という考え方は、がんばったらご褒美が与えられて当然という考えの裏返しである。だが、ご褒美をもらえるという考え方そのものが、人から使われる人の発想なのである。Bさんに同情してしまった人は、自覚していないが無意識のうちに、ご褒美をくれる誰かを想像しているのである。

サラリーマンのように、あらかじめルールが決められているゲームなら、がんばって成果を出せば会社がご褒美をくれるかもしれない。だが実業家になった以上は、ルールそのものも自分で決めなければならない。何をすれば勝ちなのか、どうなると負けなのかも自分次第なのである。ご褒美をくれる誰かは存在しないのだ。

ご褒美を期待する人は、与えられたゲームの中でしかプレイすることができない。そのような人はたとえ実業家になったとしても、平均的な水準しかお金を稼ぐことはできないだろう。しかもこのような人の多くは、自分が他力本願で、使われている人の発想を持っていることを自覚しておらず、状況はさらに複雑になる。

これに対してAさんを評価できた人は、偶然がもたらすパワーの恐ろしさをよく知っている。人と違うことをしないと大金は稼げないことや、そのためには偶然の出会いも確実にお金に変えていく貪欲さが必要だということを、皮膚感覚として理解していることになる。お金持ちを目指す以上、仕事の能力があるのは当たり前であり、勝負はそれを超えたところで決まる。運を味方につけることができたAさんは、実業家としてのパスポートを手にした人なのである。

ただの消費者になるな

お金にまつわる世界では、人間には「使う人」と「使われる人」の2種類しかいないという話をした。同じような考え方に、「消費者」と「投資家」の2種類しかいないというものもある。消費者はその名の通り、人が作ったものをお金を払って楽しむ人のことを指す。これに対して投資家は、人が喜ぶものを生み出して対価を受け取る人のことである。要するに価値のあるものを生み出す人のことだ。お金持ちになるためには、「消費者」になってはいけない。

消費者としての人生は楽しいが……

消費者としての人生は楽しい。お金さえ払えば、人が作った成果を何の苦労もなく手に入れることができる。モノでもコンテンツでもサービスでも、自由に享受できる。これほど楽しいことはない。だがその分、確実に投資家の側にお金を吸い取られている。消費で得られる快感を求めて、一生懸命、嫌な仕事に耐えてお金を稼ぎ、投資家に貢ぐのである。

厳密に言うと、投資家と消費者の間には3つの段階がある。ひとつは、完全に消費のみを享受する純粋な消費者。もうひとつは、投資家の側の理屈を理解した賢い消費者。もっともお金持ちになれるのは、もっぱら投資に専念する投資家である。貢ぐ一方の純粋な消費者にならないためには、商品やサービスを提供する側の立場に立って物事を考える癖をつけることが大事である。

まずは賢い消費者になることが先決

商品、サービス、コンテンツには2つの種類が存在している。ひとつは消費者に売り込むために完璧に設計されたもので、もうひとつは提供者が充実感を得るために作られたものである。たとえば作家が書く小説や、ミュージシャンが作る楽曲を考えてみるとわかりやすいだろう。

作家は多くの作品を世に出すが、確実に売るために書かれたものと、自身が書きたくて書いたものにくっきりと分かれることが多い。売るための作品は消費者の嗜好を十分に分析した上で書かれているので実際に売れるし、その作品に感動する読者もたくさんいる。だが書き手が本当に書きたいことではないので、作品としてはいまひとつなことが多い。ミュージシャンの楽曲にも同じようなケースがよく見られる。最初に売るための作品をリリースし、ある程度のセールスが見込めるようになってからは、自身が書きたい曲を出してくる。一時期ＣＭタイアップで一世を風靡した大手レーベルでは、消費者の好むフレーズを数万種類あらかじめ用意しており、工場でモノを生産するかのごとく、アーティストの属性に合わせて、売れる曲を大量生産していた。善し悪しは別として、商品とはそういうものである。

売るために作られた作品に純粋に感動し、お金を払ってばかりいたのでは、典型的な消費者になってしまう。売れる作品はよく設計されているので、すぐに虜になってしまうが、虜になりつつも、その仕組みに気づく冷静さが必要だ。まずは賢い消費者になることが肝要なのだ。

このような視点でモノやサービスを見る癖がついてくると、提供する側がどのような点に苦慮したかという舞台裏の姿が、おおよそ想像できるようになってくる。利益を優先するために何を犠牲にしたのか、制作者のプライドを優先してどの程度利益を減らしたのかがわかれば、半分は提供者になったようなものである。ここまでくれば、消費者から投資家に変身することはそれほど難しいことではない。

お金持ちから自分を遠ざけるNG発言にご用心

わざわざ自分をお金持ちから遠ざけてしまうようなNG発言が染みついている人がいる。そのような人は、お金そのものには執着があるようなのだが、残念ながら、お金持ちになることは難しい。知らず知らずのうちにそのような会話をしてしまっている可能性があるので、お金持ちを目指す人は要注意だ。

「その人は才能があったからうまくいったんでしょ」

筆者は仕事柄、どうすればお金儲けできるのか聞かれることが多い。基本的には出し惜しみせず話をするのが筆者のポリシーなのだが、この手の話題については不評であることが多い。お金儲けには縁がなさそうなタイプの人からは特にそうだ。

よくあるのが、成功した人を例にあげても「その人は才能があって特別だったんでしょ」と返してくるパターンである。たしかに成功してお金持ちになっている人のなかには、特別な才能がある人もいる。だが特別な才能があるからといって、その人の行動パターンや考え方が参考にならないということは決してない。むしろ天才であればこそ、その行動パターンをよく理解し、凡庸な人間がどこまで参考にできるのか真剣に考えるべきである。

このような反応をしてくる人が何を考えているかと言うと、要するに、凡人でも達成可能で、確実にお金儲けができる方法を知りたいということなのだ。だが、そんな方法があるならとっくに皆が取り組んでいるはずだ。そんなうまい話がないからこそ、成功した人を研究し、確率を上げるための法則を導き出しているのである。このタイプの人がお金儲けで成功したという話は、筆者が知る限りではゼロである。

「それは成功した人の話でしょ」

もうひとつが、「それって成功した人の話でしょ!」と返してくるものである。失敗したケースが山のようにあるのにいい話ばかりをするな、とでも言いたいのであろう。だが、そもそも筆者は「どうすればお金持ちになれるのか?」と質問されたので、例をあげて答えているまでだ。それなのに「いい話ばかりするな」とは本当に失礼な話である。このような発言も、基本的には先の例と同じ心理構造からくるものである。お金に対する執着が強すぎて、自分が絶対に儲かる話以外は聞きたくないのだ。

これらのパターンの人は、情報に対する感度が決定的に不足している。彼らは情報はタダだと思っているふしがある。たしかに、お金儲けに結びつくいい情報が必ずしも有料だとは限らないし、おいしい話がタダで降ってくることも結構ある。だが本当にいい情報を持っている人は、基本的に自分にメリットのある相手にしか、その情報は流さない。おいしい情報を受け取った人は、なぜ相手がその情報を自分に提供したのか、理由をしっかりと考える必要がある。それが情報の信頼度をチェックするバロメータでもある。

自分にだけは簡単においしい情報が手に入ると思っている人に、わざわざ情報を提供する人などいない。NG発言は自分の情報ルートを狭めてしまうだけなので、本当に要注意だ。NG発言が出てくる背景には、お金に対する先入観がある。そしてそのほとんどが、お金に対する異常な執着からきているのでタチが悪い。

そうそう簡単に節税などできるわけがない

お金持ちになると多くの人が経験することなのだが、お金持ちではない知人などから、先入観に凝り固まった発言が浴びせかけられる。ネット実業家のYさんもそれに辟易したひとりだ。Yさんはネット上のビジネスで多少有名になり、昔の友達や会社勤めをしていた頃の同僚などから声をかけられるケースも増えてきた。

成功しているYさんへのやっかみもあるのだろうが、それらのなかで多いのが「会社なんて、どうせ税金ごまかしているんでしょ」「ベンチャービジネスなんて、どうせ汚いお金なんでしょ」といった類の発言だ。もちろんYさんは実業家なので、会社の仕組みを最大限に活用して、税金を少なくするように工夫している。だが、実際にお金を稼いだ人であればわかることなのだが、万能の節税方法などこの世には存在しない。税金に関する知識がないと、余分な税金を取られてしまうことにもなりかねないので、何とかそれを最小限にしようと涙ぐましい努力をしている、というのが本当の姿だ。そもそも税金の取り立てに血眼になっている税務当局が、簡単に節税ができる制度にしておくわけがない。実業家は税金ごまかし放題でウハウハなどというのは、貧乏人の安直な先入観以外の何物でもないのだ。

こういった先入観は人の行動を大きく左右する。お金持ちは汚いことをやっているという発想は、何のことはない、自分がお金持ちになれない、あるいはそれを目指さないことに対する安直な言い訳である。

先入観に囚われていない人は、実業家が節税でウハウハという噂を聞けば「それは本当だろうか?」「本当だとしたらどのような方法だろうか?」と知的好奇心が湧き出てくるはずだ。そのようにして調べた結果は、たとえ驚くようなものではなかったとしても、お金儲けのための大きな知恵となってその人に残るはずである。節税の話ひとつでも、その人の行動は大きく変わるのである。

8

あなたはなぜ、お金持ちになりたいのか？

本当に自分がやりたいことを知っている人は少ない

お金がなくても好きなことをやれていれば幸せである、という考え方については筆者も否定しない。だが人間の心理はなかなか難しいもので、そう簡単に人生の答えは出してくれない。お金を持ってみないと本当に好きなことは何なのかよくわからない、ということも実は多いのだ。

起業家はなぜラーメン食べ歩きをやめたのか？

サラリーマンを辞めて実業家になったある男性は、昔はラーメンの食べ歩きが趣味だった。自分のブログに、食べに行ったラーメン店の情報を細かく書き込むくらい、食べ歩きにハマっており、その趣味に没頭しているときが一番幸せであると本気で思っていた。だが知人から誘われ、ある事業に共同創業者として参加してから、彼の価値観は大きく変わってしまった。事業は大成功し、創業者のひとりである彼には、かなりの額のお金が舞い込んできたのである。

彼は、事業を立ち上げてからもラーメン食べ歩きを続けていたが、あることをきっかけに、それをピタッとやめてしまった。彼自身がラーメン店を立ち上げたのである。彼のラーメン店は評判となり、たちまち数店舗をオープンするまでに成長した。その後は、趣向を変えた店を次々にオープンさせ、数年の間に、外食事業としてもそれなりのビジネスオーナーになってしまったのである。

気がついたときには、おいしいラーメン店めぐりにはすっかり興味がなくなってしまっていた。自分が食べたい味は、自分が所有する店で実現することができる。他の店に行く必要がなくなってしまったのだ。彼はここでようやく、自分がやりたかったのはラーメン店のビジネスであって、ラーメン店めぐりではないことに気づいたのである。

ジュエリービジネスで成功したある女性起業家も、資産を手にしてから趣味が大きく変化してしまったひとりだ。サラリーマン時代、彼女は大の旅行好きであった。休みのたびにあちこちに旅行し、それが生き甲斐になっていた。当時の彼女にとっては、別荘を持って一か所にとどまることなど、ばかばかしいことにしか思えなかった。

だが今の彼女は、ハワイの別荘にハマっている。購入したコンドミニアムの内装を自分流にアレンジする楽しみに目覚めてしまったのだ。デザインが一段落すると、今度は内装に合う家具探しに心血を注ぐようになった。100％自分の好みになるまで時間をかけて作り込んでいくつもりだという。まとまった休みが取れると、彼女は別荘にこもりきりになる。各地に旅行する気はさらさらないようである。

お金に制約があると、人間はその範囲のなかで欲望を満たそうとする。これは、生活を破綻させないための無意識の知恵なのかもしれない。その制約が取り払われたとき、自分がどのような趣味嗜好になるのかは、実際になってみないとわからないものなのである。

映画評論でメシを食うということ

以前ある人から「実はやりたいことがあるのだが……」と相談を受けたことがある。「何となく」という前置き付きなのだが、「好きな映画に関する仕事で生活したい」らしい。はっきりとは言わないのだが、映画評論などで生活したいということのようだ。彼が言うには、お金はあまりなくてもいいから、食べていけるだけあればよいという。

ちょっと考えればわかると思うが、映画評論などでメシを食える人はそれこそ何千人に1人という割合で、しかも年収200万円ほどだったりする。筆者はそのことを彼に話し、今どのくらい映画を見ているのか聞いた。すると週に2〜3本だという。

エッセイストの中谷彰宏氏はかつて映画の世界に憧れ、月に100本映画を見たという。クリエイティブな世界で何とか生きていこうと思えば、そのくらいは最低ラインである。

生活のすべてを犠牲にできるようでなければ、箸にも棒にもひっかからないのだ。当然、彼にはそのような世界に身を置く勇気はない。

彼の話は少し極端かもしれないが、自分で好きだと思っていることなど、そんな程度のことが多いのだ。本当に好きなら、その情熱には逆らえず、すでに何もかも投げ出して、その世界に飛び込んでいることだろう。もし現在の自分がそうなっていないのなら、自分には特に好きなものはない、と割り切って考えたほうが合理的だ。

お金で自由は得られるか？

お金持ちになりたいと考える理由のひとつに「自由の獲得」というものがある。世の中の多くは金銭的な事情に縛られているので、お金があると、そのあたりの制約を取り払うことができる。お金があれば、嫌な人間関係を我慢して仕事を続ける必要もないし、家族との時間が欲しければ、それも簡単に実現できる。

半年だけ働く、自由なお金持ち

ここで、非常に好対照な2人のお金持ちを紹介しよう。ひとりはプログラマーのJ氏、もうひとりは実業家のT氏である。

J氏は、1年のうち半分くらいしか働かない。彼の仕事はいわゆるプログラマーだが、システム会社に勤めるサラリーマンではない。大学の工学部を出て、システム会社の技術者として働いていたが、今は独立してプロジェクト単位で請け負うフリーのプログラマーとして活躍している。彼が得意とするのはふつうのプログラムではなく、通信プロトコルというちょっと特殊な分野のプログラミングだ。この分野の人材は絶対数が少ないことから、独立してからもかなりの単価で仕事の依頼が来る。J氏は奥さんもプログラマーなので、夫婦でプロジェクトを請け負って稼いでいるのだ。

J氏の両親はすでに亡くなっていて、親から相続した郊外の一戸建てに住んでいる。子供はいないので、夫婦の稼ぎは全部貯金することができる。おまけに、10年ほど株式投資を続けており、これもそこそこうまくいっている。J氏夫婦の資産は、家を合わせると1億円弱である。運用で得られる利子や配当収入と、比較的単価の高いプログラマーの仕事を合わせると、家賃を払わなくてもよいJ氏夫婦は、半年働けば十分に暮らしていけるのだ。

資産1億円というのは、それほど大きな額の資産ではない。だが2人は、自分たちの労働だけに頼ることなく十分豊かに、しかも安心して生きていける。夫婦両方の仕事と、持っている資産のすべてを同時に失う可能性は、ほぼゼロだからだ。たしかに、J氏夫婦は経済的自由を獲得しているといってよいだろう。

一日中働きづめの、不自由なお金持ち

一方、実業家のT氏はJ氏とは正反対の人生である。T氏は営業マンとして不動産会社

に15年勤めた後、自身の不動産会社を設立して社長になった。幸いにも会社は順調に業績を伸ばし、現在のT氏の年収は3000万円である。T氏は夜な夜なキャバクラに繰り出し、ベンツを乗り回している。自宅も立派だ。

だがそのT氏にも弱点がある。T氏の会社は、彼がいないと回らないことである。起業家精神に溢れてパワフルなT氏とその部下とでは、やはり器が違う。T氏の右腕になる人はなかなか育たない。T氏は常々「人に任せたい」と言っているが、社員の多くは小さな案件まで彼に相談するので、T氏は一日中働きっぱなしである（もしかすると、本音では部下に育ってほしいとは思っていないかもしれない）。

しかも、日本の金融制度の悪いところでもあるが、日本の中小企業の多くは、経営者が個人保証を入れないと銀行からお金を借りることができない。T氏の会社は不動産業であり、オフィスビルを何棟も所有している。だが、その購入資金のほとんどは銀行からの借り入れであり、T氏がすべて個人保証を入れている。もし何らかの理由で業績が急に悪くなることがあったら、T氏は自己破産するしか手がなくなるだろう。

T氏の資産は十数億円に達する正真正銘のお金持ちだが、借金もかなりの金額にのぼり、T氏が働き続けないと、この環境は維持できない。先のJ氏が自由なお金持ちなのに対して、T氏はJ氏よりもリッチではあるが、お金から不自由なお金持ちと言える。

どちらがよいとは一概には言えない。おそらくT氏は「早く楽になりたい」との言葉とは裏腹に、実際には今のような環境でがむしゃらに働くことを望んでいるだろう。また多くのお金持ちが、T氏のようながむしゃらな働き方を続けなければならないというのも事実だ。T氏はそれでもたいへんなお金持ちなので、人生は充実しているだろうし、いい思いもたくさんしているだろう。

最悪なのは、「お金がないのに、お金からも仕事からも自由になれない人」である。一方で、スローライフを実現できた人やノマド的な生活を送っている若い人は、「お金はないが自由」な人生を送っているかもしれない。だが、肝心のお金がないと、いざというときには大ピンチなのも事実だ。ひとくちにお金から自由といっても、そのあり方は様々なのだ。

お金で幸せは買えるか？

ホリエモンこと堀江貴文氏が「お金があれば、愛も、幸福も、何でも買える」と発言して日本中から大バッシングを受けたことがあった（本人は、このような発言はしていないと主張している）。堀江氏はそれほど単純な人ではないので、そのような発言はしていないという彼の主張はおそらく本当なのだろう。それはともかくとして、お金ですべてが買えるという類の話はよく耳にするが、幸せは本当にお金で買えるのだろうか？

お金で買える幸せ、買えない幸せ

お金で買うことができると言われている「幸せ」には以下のようなものがある。

- お金があると愛を買える（異性がたくさん寄ってくる）
- お金があると人の心を買える（お金持ちには人が集まってくる）

・お金があると命を買える（いい病院でいい治療が受けられる）
・お金があると地位を買える（コネでいいところに就職できる）
・お金があるとお金を買える（いい投資機会はお金持ちにしか回ってこない）

一方、お金で何でも買えるという発想に対する世間の反発や憎悪には激しいものがある。

・お金があっても愛は買えない（愛はお金には関係ない）
・お金があっても人の心は買えない（お金だけの人は尊敬されない）
・お金があっても命は買えない（死んだらおしまいよ）
・お金があっても地位は買えない（お金で買った地位は馬鹿にされる）
・お金でお金は買えない（お金持ちは凋落も早い）

実際のところ、お金で何でも買えるという話のほとんどは嘘である。さすがに、お金さえあれば絶対的にいい恋愛や結婚ができると本気で考えている人はそうそういないだろう。だが、たとえば病院の治療などについては、そう考えている人も少なくない。しかし先述したように、これも正しくない。保険制度が完備された日本の医療制度においては、保険にさえ加入できていれば、お金持ちと庶民で治療に根本的な違いはないのだ（せいぜい立派な個室に入れるぐらい。ただし外国では、お金のあるなしが直接命に関わるところも少ない。日本もこれからそうなっていく可能性はある)。

一方で、お金で買えることに反対する意見に説得力がないのも事実だ。やっぱりお金持ちの男性はモテるし、いろいろなところでおいしい思いをしているはずだ。お金で何でも買えるかという問いはナンセンスなものかもしれないが、別の意味で重要だ。この問いに対する答えには、その人のお金に対する考え方が素直に反映されるからである。

だがお金は不幸を減らしてくれる

筆者は仕事柄、200人を超えるお金持ちと接してきたが、「お金で何でも買えると思うか?」という質問は、必ずするようにしている。この問いに対してもっとも多い回答は、「お金で幸せを買えるとは思っていないが、不幸を減らすことはできる」というものだ。

外資系投資銀行のあるトレーダーは、不幸にも奥さんが重い病気(白血病)にかかってしまった。彼は奥さんと一緒にいられる時間には限りがあると悟り、きっぱりと仕事を辞めて奥さんの世話に専念した。外資系のトレーダーは超高給取りなので、数年なら今までの蓄えだけで余裕で生活ができる。残念ながら奥さんは3年後に亡くなったが、彼は「仕事を辞めたので、最後まで一緒にいることができて本当によかった」と話している。

彼がどんなにお金持ちでも、奥さんの命を買うことはできないのは明白だ。だが、彼にはお金があったので、奥さんとの貴重な時間は買うことができた。

多くのお金持ちが、似たようなことを話している。要するに「お金は目的ではなくツール」という主張である。もちろんこれには多少の建て前がある。誰しもお金は欲しいし、あればあるだけよいことぐらいわかっている。お金にはやはりツール以上の魅力があるのだ。だがお金持ちの特徴として、多少の建て前を割り引いたとしても、お金を「道具」として割り切っている人は多い。

親から資産を受け継いだお金持ち以外は、事業や投資などで何らかの挑戦をしている。何か大きいことにチャレンジするとき、ケチケチした考えは禁物だ。お金を道具としてクールに捉えるスタンスがあれば、このようなときに大いに効果を発揮することは間違いない。

お金を通じて知った命の値段

お金で命は買えないが、お金で命に対する概念を変えることができた人はいる。アパレル系の事業で成功したLさん夫妻は、お金を通じて、命に対する独特の価値観を手にすることができた。きっかけは生命保険である。

日本人はそうそう死なないという事実

Lさん夫妻には子供が2人おり、あるとき自分たちが死んだ場合のことについて真剣に話し合うことにした。夫妻がまず最初に考えたのは保険である。ふつうであれば保険会社のパンフレットを比較するところだが、お金持ちは目の付けどころが違う。彼らが最初に調べたのは死亡率のデータだった。

生命保険は、言葉は悪いが、人間が死ぬ確率に賭けるゲームである。保険会社がどんなに「安心」とか「絆」といったイメージ広告をしようが、この事実に変わりはない。Lさん夫妻がまず死亡率に着目したあたりは、さすがお金持ちになっただけのことはある。Lさん夫妻は富裕層なので、ふつうの人が目にしない様々な保険をセールスマンが提案してくる、という環境も手伝っていたのかもしれない。

彼らはそこで重要な事実を知った。豊かな日本においては、人はそうそう簡単に死なないという事実である。たとえば、男性が40歳より前に死ぬ確率はわずか0・7％、女性はさらに低く0・5％。しかも、このうちの大半が0歳時の死亡で占められる。つまり生まれた直後に死ななければ、40歳までに死ぬ確率はほぼゼロなのである。その後、死亡率はじわじわと上昇していくが、死亡率が急上昇するのは75歳を超えてからである。

さらに驚くべきことは、女性の死亡率はなかなか上昇せず、80歳を過ぎてからようやく顕著に高くなる。日本人は本当に、なかなか死なない民族であるとともに、日本の女性はさらに長生きなのだ。保険会社は儲かるわけである。ほとんど死なない人のほぼ全員から保険料を徴収しているのだから。

このデータを見て、Lさん夫妻は多額の生命保険に入ることがばかばかしくなった。その日暮らしの生活なら話は別かもしれない。たとえ確率がゼロに近くても、万が一死んでしまうことがあれば、残された家族は生活の危機に瀕してしまう。だが幸いLさん夫妻には会社というものがあり、万一のことがあっても、その日からすぐに家族が路頭に迷うわけではない。保険は2人にとって意味のあるものではなかったのだ。

がんは治らない病気であるという事実を受け入れる

Lさん夫妻は引き続き、死亡率だけでなく死亡原因のデータも調査した。死亡原因の断然トップはやはり「がん」。人口10万人あたりのがん死亡者数は２８０人で、２位の心臓病（１５０人）を大きく引き離している。３位は脳卒中、４位は肺炎であった。４位までの死因のうち脳卒中以外は、年々その割合が上昇している。要するに、日本人はがんや心臓病以外の要因で死ぬことが少なくなってきているのだ。医療が発達し、全体の寿命が延びたことで、致命的な結果をもたらす疾患以外で死ぬ確率が減少しているのである。

Lさん夫妻は最終的に、以下のような結論を導き出した。

- 60歳より前に死ぬ確率は極めて低い
- 高齢者になったら、がんで死ぬ確率が圧倒的に高い

では不幸にしてがんになってしまったら、その後はどうなるのだろうか？　Lさん夫妻は、日本人にもっとも多いと言われる胃がんのデータを調べてみた。すると、胃がん全体の５年生存率は約70％であった。だが、ステージⅣになると10％と著しく低くなる。つまり、進行がんの状態で発見された場合には１～２年程度しか生きられないのだ。

また調べものの過程で、がんという病気は基本的に「完治」することがほとんどない病気であることも知った。医学的にはがんが完治するケースはほとんどなく、とりあえずがんが見えなくなった（検査機器の精度では検知できない）という意味で、寛解という用語を用いることも知った。高齢者の場合、極論すると、がんで死ぬのか、寿命で死ぬのかのどちらかということになる。

Lさん夫妻が結論付けた結果は以下の通りである。

- がんになっても、ふつうなら5年は生きていられる
- 逆に考えると、10年生きられる確率はかなり下がる
- 仮に10年生存したとしても、後半は生活の質が落ちる

Lさん夫妻は、老人になるまでの間は、基本的に自分たちが死ぬことはあまり考慮に入れないことにした（確率が低いので）。また老後になり、がんになってしまったら、基本的にそれを受け入れることにした。がんは今のところ基本的に治らない病気であることや、進行がんの場合にはその後の寿命が短いことは明らかで、長期にわたって影響を受けないというのがその理由である。

資産家夫妻が選んだ保険とは？

これはマクロの結果であって、個々には様々なケースがあるだろう。Lさん夫妻のすごいところは、将来のことは誰にもわからないことを前提に、あくまで確率として物事を捉えているところである。

Lさん夫妻は以上の前提条件をもとに、保険や貯蓄の設計を行うことにした。結局のところ、かなりの貯蓄を持つ夫妻にとって、保険はあまり必要性の高いものではなかった。生命保険は最小限にとどめ、入院時に不自由しないよう医療保険を少し厚めに設定した。会社の経営権などについては1年ごとに状況を見直し、いざというときにはどう対処するか、夫婦で話し合うことに決めた。

この結果を導き出したことで、Lさん夫妻はかなり安心したという。むやみに死を恐れることがなくなり、がんになった場合の精神的な準備もできた。夫妻はその後、ますます仕事に邁進している。

お金で解決することの是非

一般に、お金で物事を解決することはよくないと言われている。本来別の方法で解決すべきところを、お金の力でねじ曲げてしまうのは、たしかによくないことだろう。だが状況によっては、お金で解決するのがもっともよい場合もある。本章最後の話題は、お金持ちが見せた、お金での絶妙な解決方法と、貧乏人が見せた最悪の解決方法についてである。

ミュージシャン志望の彼氏との結婚

資産家であるBさん夫婦には、大学に入ったばかりの一人娘がいるのだが、夏休みに彼氏ができたという。てっきり大学の同級生だとばかり思っていたが、どうもそうではないらしい。しばらく付き合っていたようだが、家に連れてくる気はなさそうであった。Bさん夫婦もあまり深くは詮索しなかった。

季節が変わり冬になったある日、娘さんは、お父さんには絶対内緒という条件で、突然母親（Bさんの奥さん）に彼氏のことを相談した。それによると、彼氏は同い年のミュージシャンの卵で、バイトをしながらストリートで音楽活動をしているという。お金がないので、自主制作の音源も満足に作れていない状況だ。彼女は彼との結婚を希望している。しかも彼の夢を応援したいので、自分は大学を辞めて、アルバイトをしながら彼氏を援助するつもりだという。

奥さんはすっかり困り果ててしまった。当然だが、今大学を辞めさせるわけにはいかない。だが、彼と結婚して夢を応援したいという娘の気持ちもわからないではないし、ある程度は尊重したいとも思っている。母親にしてみれば、娘の気持ちは今だけのもので、後になれば、きれいさっぱり消えてなくなるものであることはわかっている。だが若い娘にそのようなことを言っても反発されるだけだ。

さすがにBさんに内緒にしておくことはできない。奥さんは娘に「私がお父さんに話しておくから、後は自分の口で説明しなさい」と言い、Bさんにすべてを話して、娘の話を聞いてくれるように頼んだ。「とにかく、頭ごなしには否定しないでね」と言ったのだが、Bさんの反応は意外にも「わかった。俺に任せておいて」という気楽なものだった。

1週間後、Bさんは娘の彼氏を家に招待し、食事をしながら聞いた。

Bさん「2人は結婚を考えているそうだけど、本当なの？」

彼　氏「……はい。ですが、まだ僕がこんな状態なので……。でも娘さんのことは本当に好きなんです」

Bさん「わかった。最終的には結婚は親が決めることじゃない。でも2人はまだ未成年だし、父親としては、相手にちゃんと生活能力があるかを見極めたいという思いがあることは理解できるだろ?」

彼　氏「はい……」

Bさん「ところで、話は変わるんだけど。君は○○音楽院って知っているよね?」

彼　氏「もちろん知っています」

お金ですべての問題を一挙に解決

ちなみに○○音楽院とは、ロックやポップス、ジャズなどのミュージシャンを育成する世界でも有名な音楽学校だ。世界のトップミュージシャンが講師として招かれている。

Bさん「費用は全額出すから、留学してみないか?」

彼　氏「えっ……」

Bさん「いい成績を残して日本に帰ってくれば確実にプロとして食っていけるだろ。そうなったら結婚してもいいよ。もし留学途中で気持ちが冷めたら別れればいい。たとえそうなっても、卒業するまでの費用は責任を持つから気にしなくていい。ただし条件は、留学中には娘と同棲しないことだ」

Bさんの理屈はこうだ。娘を結婚させるなら甲斐性のある奴でなければダメだ。今のところ彼氏にその力はない。もしチャンスを与えて成功すれば十分に資格があるのだが、それはやらせてみないとわからない。

しかも、留学して遠距離恋愛をさせれば、2人の本当の関係がわかる。留学先で他の女を作るようでは相手としてふさわしくないし、娘のほうの気持ちが冷めるかもしれない。失敗して帰ってきても、まだ2人の関係が続いているというなら、それはそれで本物として認めてもよいだろう。留学費用でこれらの方程式を一気に解決できるなら安いものだ。

このような場合、父親が頭ごなしに叱ってしまっては娘は反発するだけである。場合によっては駆け落ちしてしまうかもしれない。だが現実問題として、こうした交際がうまく実を結ぶケースは非常に稀であるのも事実だ。時間が解決するケースがほとんどなのだが、ふつうの人はその時間を与えてあげることができない。だがBさん夫婦は、お金を使って留学という形で2人に時間をプレゼントしたのだ。

結局彼氏は、Bさんの費用でアメリカに旅立った。彼が現地で日本人留学生の女の子と付き合い始めたのは、その半年後のことであった。

お金で解決しようとする最悪のパターン

不動産会社に勤めるUさんは、社長から液晶プロジェクタを買うように指示された。社長は事前に製品を調べていたらしく、明るさや解像度を指定して「このスペックのものはうまく見つければ5万円くらいで買えるはずだから探して買っておいて」と指示した。

Uさんは近くの量販店に買いに行ったが、社長が言っていた5万円台の製品はなかった。店員に聞くと、そのような商品は置いてないという。仕方がないので、同じスペックで7万円の製品を購入して会社に戻った。そのことを話すと、社長は怒り始めた。

社　長「5万円くらいで買えるはずと言っただろ。何で7万円のを買ってくるんだ？」

Uさん「お店の人に聞いたら、この性能で5万円の製品はないと言っていましたので」

社　長「それ本当？　そういう製品は本当に世の中に存在していないの？」

Uさん「ないって言っていました」

社　長「本当にこの地球上に存在しないの？」

Uさん「……」

社　長「それって、そのお店の在庫にないだけなんじゃないの？」

社長がその量販店のウェブサイトを見ると、たしかに5万円の製品は存在していた。おそらくUさんが尋ねた店員はあまり優秀ではなく、今店にないから「ない」と答えただけなのだろう。この時点でUさんは、まだ社長が何を言いたいのか理解していない。ポカンとした顔をして立っている。

社　長「ほら見てみろ！　あるだろ！」
Uさん「店員がないって言ったので……」
社　長「君は店員の言うことが絶対なの？　なぜ事前に調べてから行かなかったの？」

ここでUさんは、とんでもない応対をしてしまった。

Uさん「すみません、社長。差額の2万円は僕が出しますから……」

これで社長がブチ切れた。

社　長「お金の問題じゃないんだ！　お前は何も調べずに適当に買い物して、注意されたら金払えばいいんでしょ、ときた。不誠実にも程があるぞ。それじゃお前、物件の売却に失敗して5000万の損が出たら、自腹で払うのか？」

Uさん「それは無理です……」

当然のことなのだが、社長にとってはお金のことなどどうでもよいことである。Uさんの心構えや次に失敗しないための方策を聞きたかったのだ。だがUさんは、お金で解決しようとした。しかも2万円という自分が払える額の範囲で。この金額が5000万円になってもUさんが自分で払うと言うなら、社長もあっぱれと認めただろう。だが、自分で払うのが無理な額になると、Uさんはビタ一文払わないことが露呈してしまった。

これは、お金を使った解決方法としては最悪である。相手が本当に望むものは提供していないし、お金のかけ方も実にセコい。お金だけで解決しようとするなら、人がびっくりする額でないとほとんど意味はない。Uさんは、これからもお金とは縁のない人生を送るだろう。

あとがきにかえて

——「小金持ち」でもいいから何とかしたい人へ

小金持ちになりたければ共働きは必須

ここまでお金持ちの人たちの考え方やふるまい、どうすればお金持ちになれるのかという心構えなどについて解説してきた。読者の皆さんはどのように感じただろうか？「自分にもできる」と思った人もいるだろうが、「やっぱりお金持ちになるのは無理」と感じた人も多いかもしれない。

お金持ちの人たちは、ある意味で「バカ正直」であり、彼らの主張には「正論」が多い。それに対して嫌みを言うことはできても、論理的に反論するのは難しいことが多いのだ。だが、正論であることが、必ずしも共感を呼ぶとは限らない。お金持ちの人たちの言動に賛否両論があるのは、そのあたりに原因があるのかもしれない。

だが、やはり誰でもお金はほしいものである。お金持ちになることは無理でも、多少はリッチな人生を送りたいと思うのは、当然のことである。本書の最終章は、何とかして「小金持ち」になるための具体的な方法についての解説である。

まずは「入り」を増やさないと何も始まらない

お金持ちと小金持ちは天と地ほどの差があるが、やらなければいけないことはそう大差ない。どんなに小さな額であれ、お金の「入り」を増やすことは資産形成の基本である。もし結婚している、あるいは結婚することを考えていて、かつ小金持ちになりたいと思うのであれば、もっともてっとり早い方法は、パートナーと共働きでお金を稼ぐことである。共働きすれば、世帯収入は1・5〜2倍に跳ね上がる。これは物理的に大変なインパクトである。事業や投資で「入り」を2倍にするというのは、とてつもなく大変なことだ。だが2人が職を見つけるだけで、収入を2倍にできるわけであり、考えようによってはミラクルである。

共働き夫婦のライフスタイルにもいろいろある。また、夫婦によって価値観も様々だろう。だがお金持ちになることを最優先するなら、極力、経済的に合理性のある行動を取らなければならない。夫婦の役割分担も、経済的合理性を基準に、思い切った判断をする必要がある。人は既存の価値観に束縛されており、これが行動を大きく左右している。こうした呪縛から解放されるだけで、大きな利益を得られることも多いのだ。

家事の役割分担を決める基準は何か？

仕事以外に収入の方法がない段階では、夫婦の給料が唯一の収入源ということになる。したがって、まずはこれを中心にすべての物事について考える必要がある。２人とも仕事が忙しく、家事に費やす時間がなかなか取れないと仮定する。ふつうは、どちらかが仕事を犠牲にして家事をこなすか、２人が何とか時間をやりくりするという解決策になる。だが、何としてでも小金持ちになりたいというのであれば、それではダメだ。

どうすればよいのか？　それは、「家事をやらない」という選択肢を真剣に検討するのだ。もちろん、家をゴミ屋敷にしてよいと言っているわけではない。だが２人の収入を最大化するという観点に立ったときに、どの程度まで家事を犠牲にできるかは、真剣に検討する必要がある。

たとえば家の中の整理も、既存の価値観や雰囲気で決めてはならない。いつ誰が来てもいいように、すべてのものをしまっておくと、いざ出そうとするときに結構な時間がかかる。時間短縮を最優先するのであれば、外見が多少犠牲になるのはやむを得ないことなのだ。経済的合理性を優先するなら、家の中が美しく整理整頓されている必要はまったくない。そんなことに時間をかける余裕があれば、残業してお金を増やしたほうがよい。

食事も同様である。あまりに偏った食事は問題だが、一定期間は食生活もある程度犠牲にする覚悟がなければ、お金を貯めることはできないだろう。無計画な外食は出費を増やすことになりやすいが、下手な自炊も案外コストがかかる。究極的に時間とお金がかからない食生活の方法を真剣に考える必要がある。

多少の犠牲を厭わず何かに集中するという体験をすると、これまでの生活がいかに惰性に支配されてきたかがわかるようになる。この経験は、後で必ず生きてくるはずだ。

夫婦仲が良いことは必須

もうひとつ重要なことは夫婦仲である。既婚者でお金持ちになれる人は夫婦仲が良いケースが多い。同じお金を稼ぐのであれば、1人で取り組むよりも、夫婦で協力し合ったほうが何倍も効率がよい。また一緒に取り組んでいなくても、お互いがいざというときの助けになる関係であれば、リスクをかなり減らすことができるのだ。

音楽の趣味や食べ物の好みなどが違っていても、それが夫婦生活の大きな支障になることはあまりない。だが基本的な価値観が異なっていると、その他の嗜好がどれだけ似通っていても、夫婦生活をうまく続けるのは難しくなる。お金は命の次に大事なものであることを考えると、夫婦間でお金に関する価値観をどれだけ共有することができるかは、結婚における重要なカギのひとつと言えるだろう。

2人ともが「お金を稼ぐことはいいことだ」と思っているのであれば、金銭的な価値観は完全に一致している。そうであれば、2人で協力してお金持ちになる努力をしたほうが合理的である。実際、夫婦でビジネスを興して資産家の仲間入りを果たした例や、夫婦で不動産投資を行っている例はたくさんある。

夫婦でビジネス（あるいは投資）と聞いて、「四六時中一緒でストレスが溜まらないだろうか？」と考えた人がいれば、その人は要注意だ。お金持ちの思考回路からすでに遠ざかってしまっている可能性が高い。そもそも夫婦が別々に行動するのはサラリーマン家庭だけであって、農家や店をやっている人にとっては、夫婦が一日中一緒にいるのは当たり前であり、お金に関する夫婦の会話も日常的なものだ。

なお、独身の人は収入を2倍にすることはできないので、次に説明する経費の節約を実践するか、サイドビジネスを真剣に検討する必要があるだろう。

小金持ちを目指すなら車は買うな

収入を増やす努力をしても、支出が増えては意味がない。小金持ちになるには、当然、支出を減らす努力も必要だ。ここでも重要となるのは、合理的な思考回路である。同じ10％の支出削減でも、1万円の10％と10万円の10％では、天と地ほど違う。なるべく安い野菜を探してスーパーをはしごしても、支出全体にはほとんど影響を与えない。支出を減らすには、金額の大きいものを狙い撃ちする以外に方法はないのだ。

自動車は「必要」ではない

人生の三大出費は、住宅、自動車、保険である。ズバリ言うと、これら3つ以外に支出を減らす方法はないと考えてよい。特に効果が大きいのが自動車である。

自動車は、「必要」ではなく「ほしい」という動機で買う人がとても多い。だが、これは大変な金喰い虫だ。本体の購入費用はもちろん、都市部では駐車場代、各種税金、ガソリン代、保険、車検費用など、保有しているだけで様々なコストがかかる。必要なときにタクシーやハイヤーを調達したり、レンタカーを利用したりしたほうが、金額的には圧倒的に安い。それでも多くの人が車を購入するのは、ただそれが「ほしい」からである。

実は、こんなことを書いていながら筆者は昔から車が大好きで、免許を取って以来ずっと車を持っていた。都心部に引っ越したことをきっかけに、自動車の保有を思い切ってやめることにしたのだが、これには相当な心理的抵抗があった。費用を計算し、自動車を持たないほうがずっと安く済むことがわかっているのに、なかなか踏み切れなかったのである。それほどまでに車の魅力は大きい。

車が無駄という議論をすると必ず出てくる反論が、郊外の家では、自家用車がないと買い物に行くのも不便だというものである。勘のよい読者ならピンときているかもしれないが、これは、新築住宅の購買行動と密接に関係している構図なのである。

確かに、農業が主体となっているような地域では、自家用車は必須かもしれない。だが、首都圏や地方都市の郊外の団地などは、これにあてはまらない。そもそも郊外の団地というのは経済的合理性を無視して作られている存在なのだ。

日本人の多くは中古住宅を好まない。それは新築が「ほしい」からだ。だが地理的に有利な場所には、すでに住宅やマンションが建ってしまっている。「ほしくなるような」新築を手に入れるためには、電車で何時間もかけて通勤するような場所を選ぶしかない。

結果として、中心地から遠いところに大量の新築住宅が供給されることになる。当然、交通インフラはあまり整備されておらず、スーパーに行くにも車を使わなければならない。かくして自動車は、「ほしい」商品であるにもかかわらず、「必要な」商品に偽装されるのである。このようにして日本では、新築住宅と自動車という「超」高額商品がバンバン売れる構図ができあがっているのだ。

自動車と新築住宅が同じ構図ならば

新築住宅と自動車が同じ構図なら、当然、新築住宅の購入も再考する必要がある。すでに住宅ローンを目いっぱい組んで購入し、かつ売却しても大きな損が出るような場合には、残念ながら手の打ちようがない。だが、これから家を購入しようとしているなら、これをどう判断するのかで、支出削減の勝敗はほぼ決まってしまうと考えてよい。

先ほど例に挙げたように、日本では圧倒的に中古よりも新築物件が人気である。このため、中古物件と新築物件との価格差は異常なほど大きい。掘り出し物の中古物件を見つけられれば、1000万単位で得をすることさえある。新築が悪いと言っているわけではなく、問題なのは新築を購入する理由である。そのほとんどが「新築物件がほしい」からであって、「新築物件が必要」なのではない。

新築物件がほしい理由は、気分がよいから、人に自慢したいから、自分に満足したいから、といったことがほとんどだ。気分がよいことや自慢することが、お金よりも大事なのであれば、価値観は人それぞれなので、それはそれで構わない。だが、節約してお金持ち（小金持ち）になろうという人がこのような行動を取るのは、矛盾と言わざるを得ない。

こう書くと「中古物件は対応年数を考えると厳しい。新築のほうが長く住める」という反論が出てくる。だが、これもおかしな話だ。新築の物件Aと築10年の物件Bとでは、20年後には物件Aだけが住めて、物件Bは住めなくなるのだろうか？　そんなことはないだろう。管理がダメな物件であれば、今は新築であろうと、25年もすればボロボロで住めなくなる。管理が良好な物件なら、35年経っても問題なく住めるはずである。

これは、いい物件を選ぶかダメ物件を選ぶかの違いであって、新築か中古かという話ではないのだ。もし管理が良好で持ちがよい物件を選ぶ自信がないので、とりあえず新築と言うなら、そもそも買わないほうがよい。住宅は人生最大の買い物である。先が読めないものを勢いで買ってしまうなど、危険極まりない行為だ。

賃貸派・持ち家派という概念は、そもそも存在しない

新築物件と中古物件という話が出てきたならば、賃貸か持ち家かという議論も出てくることになる。雑誌などではよく「賃貸派VS持ち家派」などという特集が組まれているが、経済合理性で考えるなら、この分類はナンセンスである。経済状況に応じて、賃貸のほうが得な場合と、持ち家が得な場合が存在しているだけだ。派閥などというものは、そもそ

も存在しない。

住宅をローンで買う行為は、住宅という資産を、借金をして購入することである。借金とは、金利という経費を支払ってお金を銀行などから融通してもらうことを指す。

そもそも借金は何のために行うのか？　借金とは基本的に、手元により多くの現金を置いておくために行うものである。借金をすると、その間に利子さえ支払っていれば、支払いを後に延期することができる。

現在よりも将来のほうが物価が上がって実質的な借入金額が減る見込みがあり、その減少分が金利支出をはるかに上回ると判断できるのであれば、借金をしたほうが得になる。また物価水準が同じであっても、借金をすることで手元に確保した資金が、より多くのお金を生み出す可能性があるならば、やはり借金したほうが得ということになる。

つまり、ローンが得になるのか損になるのかは、ひとえに経済状況の予測にかかっており、どのように将来を予測するのかで、得にも損にもなるのである。取得する不動産の資産価値が上昇すると思えば（インフレになると思えば）、少々無理をしてでも物件を購入したほうが得をする。逆に、将来資産価値が下がると思えば（デフレになると思えば）、賃貸を選んだほうがよい。

住宅ローンを組んではいけないという話を巷でよく聞くが、それは住宅ローンそのものがいけないのではなく、経済合理性に基づかず、とにかく家がほしいが、お金がないのでローンを組む、という無計画な行為が危険だと言っているのである。

では現状において、住宅は取得したほうが得なのか、それとも賃貸のほうが得なのだろうか？　非常に微妙だが、都市部の優良物件を保有しているのでない限りは、賃貸のほうが有利だろう。

現在日本は、量的緩和策という通貨の価値を減少させる経済政策を行っている。今後しばらくの間はインフレ傾向が続く可能性が高く、見かけ上の資産価値は上昇する。だが一方で、日本は人口減少が著しく、近い将来、住宅の4割が空き家になる。賃貸価格は暴落する可能性が高い。インフレ分を差し引いても、おそらく下落の影響のほうが大きくなるだろう。

無理をして住宅ローンを組む経済合理性はあまりない、と言ってよいだろう。

サイドビジネスで収入を増やす

現在の仕事で収入を増やすことが困難な場合や、そもそもギリギリの生活なので支出削減にも限度がある場合には、サイドビジネスを検討する必要がある。重要なのは、あくまでサイドビジネスなので、過剰な負担やリスクを負ってはいけないという点である。リスクを取らず、少なくてもいいので収入を増やすことが重要となってくる。

アルバイトをするなら、期間と貯める金額を決めておく

もっとも単純なサイドビジネスは、夜間や休日のアルバイトである。こうしたアルバイトは体を使う仕事が多いので、やり過ぎると過労の原因になってしまう。アルバイトをする場合には、期間と貯める金額を決めて、永続的にはしないほうがよい。

時間や場所に縛られず、ある程度継続できるサイドビジネスとなると、やはりネット系のビジネスが有力な選択肢となる。ネット系と言っても、その内容は千差万別である。自

身でサイトの構築や決済まで行う本格的なケースもあれば、オークションサイトにただ出品するだけの場合もある。時間の制約やリスクが少なく、お金もかからないという意味では、オークションサイトへの出品やＥＣサイトへの出店は、サイドビジネスへの第一歩としてちょうどいいかもしれない。なかには、それで生計が立てられるようになった人もいる。やりようによっては大きな副収入をもたらしてくれる可能性もあるのだ。

最近では円安の進行を受けて、米アマゾンなどで日本の商品を販売する人も増えている。外国人は日本のサイトを隅から隅まで価格チェックすることができないので、商品をうまく見つけてくれれば、結構な値段で販売できることも多いという。日本の掛け軸や壺などをうまく宣伝し、かなりの高値で販売している人もいる。

ブログで月10万円稼ぐには30万ＰＶが必要？

文章を書くのが得意であれば、ブログを運営して広告収入を得る、という方法もある。ネットの世界には、「プロ・ブロガー」と呼ばれる、ブログの広告収入だけで生活する人も存在している。彼らはどのくらい稼げるのだろうか？　収入を公表している人もいるが、部分的な情報からある程度の収益を予想できる人もいる。

プロ・ブロガーとして有名なイケダハヤト氏は、自らの経験からＰＶ（ページビュー）数と収入のおおまかな関係を公表している。それによると、月10万円稼ぐためには、20万

〜30万PVが必要だとしている。筆者自身の経験や、ネットビジネスをしている人に多数ヒアリングした結果からすると、この数字はまったく嘘ではないが、数値が下振れしている可能性が高い。

イケダ氏のサイトは月60万以上の閲覧があり、月額固定料金のバナー広告も入っている。クリック課金型の広告よりも、バナー広告のほうがはるかに単価は高い。もしかしたらイケダ氏は、こういった特殊な広告や、ブログから派生するその他の収益もカウントした上での数字を公表しているのかもしれない。

では、一般的なクリック課金型広告で月10万円を稼ぐには、どの程度のPVが必要なのだろうか？　筆者の推定では、30万〜50万PVである。もちろん分野による違いもあるし、瞬間風速的に極めて高い収益を得ることもあるだろう。だが、定常的に10万円を得るためには、この程度のPVは継続的に確保する必要がある。

ちなみに、世の中に存在しているブログの8割以上が、月5000PV以下と言われている。30万〜50万PVを確保するためには、かなりの有名サイトになる必要があり、そう簡単なことではない。ただし、コンテンツを作成するだけで収益を得られるという魅力は大きい。チャレンジしてみる価値はあるだろう。

クラウドソーシングを使って技能を生かす

プログラミングやデザイン、資料作成など、ちょっとした技能がある人の場合には、クラウドソーシングを使って仕事を受注する方法もある。

ネット上でちょっとした仕事のやりとりを仲介する、クラウドソーシングというサービスが急成長している。仕事を発注したい人や企業と、仕事を受注したい人が、ネット上でマッチングされる仕組みだ。顔が見えなくてもよいことが条件になるため、プログラミングやデータ入力といった仕事が多いが、キャッチコピーの作成やマーケティング、コンサルティングといった分野もある。

クラウドソーシングであれば、発注する側も、受注側にとってサイドビジネスであることをある程度は想定しているので、仕事の条件などが柔軟なことも多い。少なくとも、以前のようにオフィスを構えたり、訪問して営業したりしなければならないことを考えれば、ハードルは低い。

もっとも、そのあたりは価格面に反映されており、単価が安いことは覚悟しなければならないだろう。

まずは３００万円作ることを目標に

サイドビジネスはその名の通り副業であり、本業ではない。本業の収入にわずかなプラスアルファがあればよいのなら、無理のない範囲で継続していけばよいだろう。だが、もう少し大きな収入を狙うのであれば、ある程度まとまった資金を使って本格的に活動することが必要となってくる。

事業をするにしても、投資をするにしても、結局のところ、お金儲けとは、元手となる資金をどのようにして増やすかというゲームであり、そのゲームを有利に進めるためには、どうしても最初の軍資金が必要なのだ。収入の増加にある程度めどが立ったら、次は、まとまった軍資金を作ることを目標にすべきである。

では、その軍資金はどの程度あればよいのだろうか？　もちろんその額は、将来的に取り組もうと思っているものによって異なる。

リアルに店舗を作ってビジネスをすることを想定しているのであれば、最低でも１０００万円くらいはかかることも多い。だが、移動販売など工夫をすることで、初期投資を抑えられるケースもある。オフィスを構えてビジネスをする場合には、３００万円くらいあれば何とかなるだろう。だが、半年の間にうまく立ち上がらないと、たちまち金欠となってしまう。

投資はどうだろうか？　世の中には10万円を1億円に増やした猛者もいるかもしれないが、投資の効果が出てくるのは、やはり最低でも100万円からである。アパートなど収益不動産に投資するためには、1000万円程度は必要になる。

総合的に考えると、理想的には、やはり1000万円という金額を目標にするのが望ましい。もしそれが難しいようなら、とりあえずは300万円だ。300万円あれば、どのようなビジネス形態であれ、投資形態であれ、最低限のスタートを切ることができる。実際にビジネスや投資を実施するかはともかくとして、いつでもスタートできる軍資金を持っていることの安心感は大きい。チャンスはいつやってくるかわからないからだ。

将来的に何をするのかはともかく、いつでも動ける態勢を作っておくという意味で、まずは300万円の軍資金を作ることを当初の目標とすることをお勧めしたい。試行錯誤して300万円を作れた暁には、お金に関する意識がかなり変わっているはずだ。それだけでも成果は大きいと言える。

加谷珪一　かや・けいいち

東北大学卒業後、出版社記者を経て、投資ファンド運用会社に転職。企業のオーナー社長やファンド出資者（個人投資家）など、数多くの超富裕層とじかに接する。2000年、コンサルタントとして独立。企業に対する経営コンサルティング、ITコンサルティング、資産運用アドバイス等を行う。現在は、億単位の投資を行う投資家でもある。また、自らが学んだ知恵やノウハウをもとに、「お金持ちの教科書」「出世の教科書」「投資の教科書」「起業・独立の教科書」などのウェブサイトを運営。

お金持ちの教科書　kanemochi.kyokasho.biz

企画協力／企画のたまご屋さん
校正・校閲／鷗来堂

お金持《かねも》ちの教科書《きょうかしょ》

2014年2月10日 初　　版
2014年2月18日 初版第2刷

著　者　加谷珪一
発行者　五百井健至
発行所　株式会社阪急コミュニケーションズ
〒153-8541 東京都目黒区目黒1丁目24番12号
電話 03-5436-5721（販売） 03-5436-5735（編集）
振替 00110-4-131334
装　幀　松田行正＋日向麻梨子
組版・DTP　朝日メディアインターナショナル株式会社
印刷・製本　大日本印刷株式会社

ISBN978-4-484-14201-2